Praxis Impulse

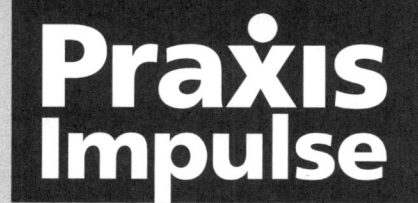

Heinz-Lothar Worm
Marco Bettner und Erik Dinges (Hrsg.)

# Vertretungsstunden Deutsch

Schnell und klar für die Klassen 3 und 4

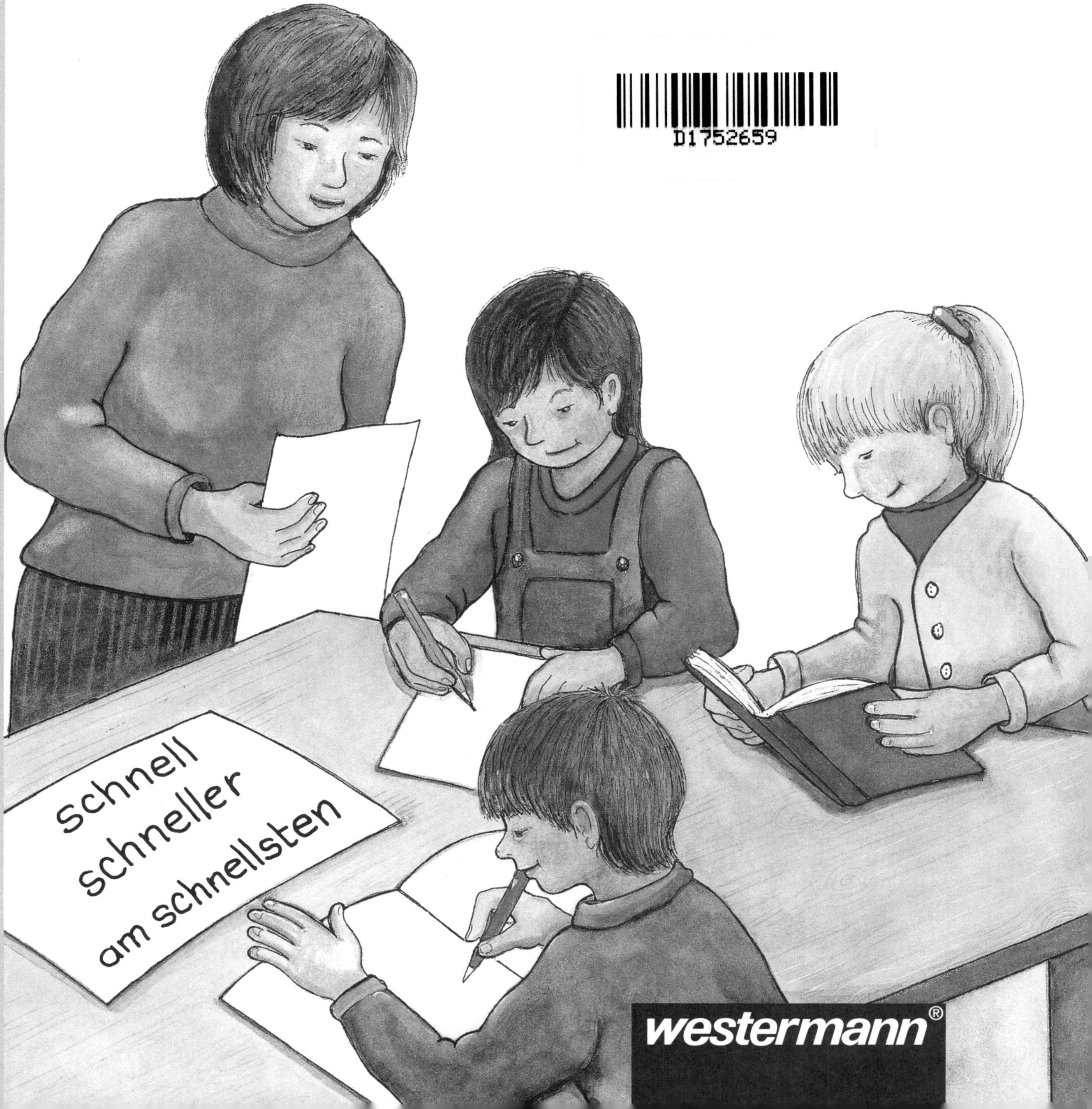




westermann®

© 2010 Bildungshaus Schulbuchverlage
Westermann Schroedel Diesterweg Schöningh Winklers GmbH, Braunschweig
www.westermann.de

Das Werk und seine Teile sind urheberrechtlich geschützt. Jede Nutzung in anderen als den gesetzlich zugelassenen Fällen bedarf der vorherigen schriftlichen Einwilligung des Verlages. Hinweis zu § 52 a UrhG: Weder das Werk noch seine Teile dürfen ohne Einwilligung gescannt und in ein Netzwerk eingestellt werden. Dies gilt auch für Intranets von Schulen und sonstigen Bildungseinrichtungen.

Auf verschiedenen Seiten dieses Buches befinden sich Verweise (Links) auf Internet-Adressen.
Haftungshinweis: Trotz sorgfältiger inhaltlicher Kontrolle wird die Haftung für die Inhalte der externen Seiten ausgeschlossen. Für den Inhalt dieser externen Seiten sind ausschließlich deren Betreiber verantwortlich. Sollten Sie dabei auf kostenpflichtige, illegale oder anstößige Inhalte treffen, so bedauern wir dies ausdrücklich und bitten Sie, uns umgehend per E-Mail davon in Kenntnis zu setzen, damit beim Nachdruck der Verweis gelöscht wird.

Druck $A^1$ / Jahr 2010

Lektorat: Dr. Heike Bütow
Illustrationen: Barbara Schneider-Rank/Mariona Zeich
Umschlaggestaltung: PER Medien+Marketing GmbH, Braunschweig/B. Schneider-Rank
Herstellung und Satz: PER Medien+Marketing GmbH, Braunschweig
Druck und Bindung: westermann druck GmbH, Braunschweig

ISBN 978-3-14-**163051**-0

# Inhalt

**Vorwort** . . . . . . . . . . . . . . . . . . . . . . . . . . . . . . . . . . . . . . . . . . . . . . . . . . . . . . . . . . . . . . 6

Kopiervorlage 1a: Tafelbild/Folienbild Das Pf oder pf . . . . . . . . . . . . . . . . . . . . . . . . . . . . . 7
Kopiervorlage 1b: Arbeitsblatt Das Pf oder pf . . . . . . . . . . . . . . . . . . . . . . . . . . . . . . . . . . 8
Kopiervorlage 1c: Lösungen zum Arbeitsblatt 1b . . . . . . . . . . . . . . . . . . . . . . . . . . . . . . . . 9
Kopiervorlage 2a: Tafelbild/Folienbild Das Qu oder qu . . . . . . . . . . . . . . . . . . . . . . . . . . . 10
Kopiervorlage 2b: Arbeitsblatt Das Qu oder qu . . . . . . . . . . . . . . . . . . . . . . . . . . . . . . . . . 11
Kopiervorlage 2c: Lösungen zum Arbeitsblatt 2b . . . . . . . . . . . . . . . . . . . . . . . . . . . . . . . . 12
Kopiervorlage 3a: Tafelbild/Folienbild Streit in der Schule . . . . . . . . . . . . . . . . . . . . . . . . . 13
Kopiervorlage 3b: Arbeitsblatt Streit in der Schule . . . . . . . . . . . . . . . . . . . . . . . . . . . . . . 14
Kopiervorlage 3c: Lösungen zum Arbeitsblatt 3b . . . . . . . . . . . . . . . . . . . . . . . . . . . . . . . . 15
Kopiervorlage 4a: Tafelbild/Folienbild Ordnen nach dem Abc . . . . . . . . . . . . . . . . . . . . . . 16
Kopiervorlage 4b: Arbeitsblatt Ordnen nach dem Abc . . . . . . . . . . . . . . . . . . . . . . . . . . . . 17
Kopiervorlage 4c: Lösungen zum Arbeitsblatt 4b . . . . . . . . . . . . . . . . . . . . . . . . . . . . . . . . 18
Kopiervorlage 5a: Tafelbild/Folienbild Eine Postkarte geht auf die Reise . . . . . . . . . . . . . . . 19
Kopiervorlage 5b: Arbeitsblatt Eine Postkarte geht auf die Reise . . . . . . . . . . . . . . . . . . . . 20
Kopiervorlage 5c: Lösungen zum Arbeitsblatt 5b . . . . . . . . . . . . . . . . . . . . . . . . . . . . . . . . 21
Kopiervorlage 6a: Tafelbild/Folienbild Ein Telefongespräch . . . . . . . . . . . . . . . . . . . . . . . . 22
Kopiervorlage 6b: Arbeitsblatt Ein Telefongespräch . . . . . . . . . . . . . . . . . . . . . . . . . . . . . . 23
Kopiervorlage 6c: Lösungen zum Arbeitsblatt 6b . . . . . . . . . . . . . . . . . . . . . . . . . . . . . . . . 24
Kopiervorlage 7a: Tafelbild/Folienbild Das ie . . . . . . . . . . . . . . . . . . . . . . . . . . . . . . . . . . . 25
Kopiervorlage 7b: Arbeitsblatt Das ie . . . . . . . . . . . . . . . . . . . . . . . . . . . . . . . . . . . . . . . . 26
Kopiervorlage 7c: Lösungen zum Arbeitsblatt 7b . . . . . . . . . . . . . . . . . . . . . . . . . . . . . . . . 27
Kopiervorlage 8a: Tafelbild/Folienbild Der Mann, der nicht satt wurde . . . . . . . . . . . . . . . . 28
Kopiervorlage 8b: Arbeitsblatt Der Mann, der nicht satt wurde . . . . . . . . . . . . . . . . . . . . . 29
Kopiervorlage 8c: Lösungen zum Arbeitsblatt 8b . . . . . . . . . . . . . . . . . . . . . . . . . . . . . . . . 30
Kopiervorlage 9a: Tafelbild/Folienbild Das ah, eh, oh, uh, äh, öh, üh . . . . . . . . . . . . . . . . . 31
Kopiervorlage 9b: Arbeitsblatt Das ah, eh, oh, uh, äh, öh, üh . . . . . . . . . . . . . . . . . . . . . . . 32
Kopiervorlage 9c: Lösungen zum Arbeitsblatt 9b . . . . . . . . . . . . . . . . . . . . . . . . . . . . . . . . 33
Kopiervorlage 10a: Tafelbild/Folienbild Das a, e, o, u, ä, ö, ü . . . . . . . . . . . . . . . . . . . . . . . . 34
Kopiervorlage 10b: Arbeitsblatt Das a, e, o, u, ä, ö, ü . . . . . . . . . . . . . . . . . . . . . . . . . . . . . . 35
Kopiervorlage 10c: Lösungen zum Arbeitsblatt 10b . . . . . . . . . . . . . . . . . . . . . . . . . . . . . . . 36
Kopiervorlage 11a: Tafelbild/Folienbild Doppelte Mitlaute . . . . . . . . . . . . . . . . . . . . . . . . . . 37
Kopiervorlage 11b: Arbeitsblatt Schriftliches Doppelte Mitlaute . . . . . . . . . . . . . . . . . . . . . . 38
Kopiervorlage 11c: Lösungen zum Arbeitsblatt 11b . . . . . . . . . . . . . . . . . . . . . . . . . . . . . . . 39
Kopiervorlage 12a: Tafelbild/Folienbild Gegenwart und Vergangenheit . . . . . . . . . . . . . . . . . 40
Kopiervorlage 12b: Arbeitsblatt Gegenwart und Vergangenheit . . . . . . . . . . . . . . . . . . . . . . 41
Kopiervorlage 12c: Lösungen zum Arbeitsblatt 12b . . . . . . . . . . . . . . . . . . . . . . . . . . . . . . . 42
Kopiervorlage 13a: Tafelbild/Folienbild Unregelmäßige Vergangenheitsformen . . . . . . . . . . . 43
Kopiervorlage 13b: Arbeitsblatt Unregelmäßige Vergangenheitsformen . . . . . . . . . . . . . . . . 44
Kopiervorlage 13c: Lösungen zum Arbeitsblatt 13b . . . . . . . . . . . . . . . . . . . . . . . . . . . . . . . 45
Kopiervorlage 14a: Tafelbild/Folienbild Nach dem großen Regen . . . . . . . . . . . . . . . . . . . . . 46
Kopiervorlage 14b: Arbeitsblatt Nach dem großen Regen . . . . . . . . . . . . . . . . . . . . . . . . . . 47
Kopiervorlage 14c: Lösungen zum Arbeitsblatt 14b . . . . . . . . . . . . . . . . . . . . . . . . . . . . . . . 48
Kopiervorlage 15a: Tafelbild/Folienbild Zauberei . . . . . . . . . . . . . . . . . . . . . . . . . . . . . . . . . 49
Kopiervorlage 15b: Arbeitsblatt Zauberei . . . . . . . . . . . . . . . . . . . . . . . . . . . . . . . . . . . . . . 50
Kopiervorlage 15c: Lösungen zum Arbeitsblatt 15b . . . . . . . . . . . . . . . . . . . . . . . . . . . . . . . 51
Kopiervorlage 16a: Tafelbild/Folienbild Die Hirschauer kaufen einen Regen . . . . . . . . . . . . . 52
Kopiervorlage 16b: Arbeitsblatt Die Hirschauer kaufen einen Regen . . . . . . . . . . . . . . . . . . 53
Kopiervorlage 16c: Lösungen zum Arbeitsblatt 16b . . . . . . . . . . . . . . . . . . . . . . . . . . . . . . . 54

| | |
|---|---:|
| Kopiervorlage 17a: Tafelbild/Folienbild Paulchens Dank | 55 |
| Kopiervorlage 17b: Arbeitsblatt Paulchens Dank | 56 |
| Kopiervorlage 17c: Lösungen zum Arbeitsblatt 17b | 57 |
| Kopiervorlage 18a: Tafelbild/Folienbild Im Museum | 58 |
| Kopiervorlage 18b: Arbeitsblatt Im Museum | 59 |
| Kopiervorlage 18c: Lösungen zum Arbeitsblatt 18b | 60 |
| Kopiervorlage 19a: Tafelbild/Folienbild Wir finden die Oberbegriffe | 61 |
| Kopiervorlage 19b: Arbeitsblatt Wir finden die Oberbegriffe | 62 |
| Kopiervorlage 19c: Lösungen zum Arbeitsblatt 19b | 63 |
| Kopiervorlage 20a: Tafelbild/Folienbild Trennung von Wörtern | 64 |
| Kopiervorlage 20b: Arbeitsblatt Trennung von Wörtern | 65 |
| Kopiervorlage 20c: Lösungen zum Arbeitsblatt 20b | 66 |
| Kopiervorlage 21a: Tafelbild/Folienbild Grundstufe/Steigerungsstufe/Höchststufe | 67 |
| Kopiervorlage 21b: Arbeitsblatt Grundstufe/Steigerungsstufe/Höchststufe | 68 |
| Kopiervorlage 21c: Lösungen zum Arbeitsblatt 21b | 69 |
| Kopiervorlage 22a: Tafelbild/Folienbild Baron Münchhausen erzählt eine Lügengeschichte | 70 |
| Kopiervorlage 22b: Arbeitsblatt Baron Münchhausen erzählt eine Lügengeschichte | 71 |
| Kopiervorlage 22c: Lösungen zum Arbeitsblatt 22b | 72 |
| Kopiervorlage 23a: Tafelbild/Folienbild Die verschwundene Fahrkarte | 73 |
| Kopiervorlage 23b: Arbeitsblatt Die verschwundene Fahrkarte | 74 |
| Kopiervorlage 23c: Lösungen zum Arbeitsblatt 23b | 75 |
| Kopiervorlage 24a: Tafelbild/Folienbild Wortfamilie fahren | 76 |
| Kopiervorlage 24b: Arbeitsblatt Wortfamilie fahren | 77 |
| Kopiervorlage 24c: Lösungen zum Arbeitsblatt 24b | 78 |
| Kopiervorlage 25a: Tafelbild/Folienbild Daniels Traum | 79 |
| Kopiervorlage 25b: Arbeitsblatt Daniels Traum | 80 |
| Kopiervorlage 25c: Lösungen zum Arbeitsblatt 25b | 81 |
| Kopiervorlage 26a: Tafelbild/Folienbild Das V | 82 |
| Kopiervorlage 26b: Arbeitsblatt Das V | 83 |
| Kopiervorlage 26c: Lösungen zum Arbeitsblatt 26b | 84 |
| Kopiervorlage 27a: Tafelbild/Folienbild ck, tz oder k, z? | 85 |
| Kopiervorlage 27b: Arbeitsblatt ck, tz oder k, z? | 86 |
| Kopiervorlage 27c: Lösungen zum Arbeitsblatt 27b | 87 |
| Kopiervorlage 28a: Tafelbild/Folienbild Schulfest | 88 |
| Kopiervorlage 28b: Arbeitsblatt Schulfest | 89 |
| Kopiervorlage 28c: Lösungen zum Arbeitsblatt 28b | 90 |
| Kopiervorlage 29a: Tafelbild/Folienbild Der König und sein Spaßmacher | 91 |
| Kopiervorlage 29b: Arbeitsblatt Der König und sein Spaßmacher | 92 |
| Kopiervorlage 29c: Lösungen zum Arbeitsblatt 29b | 93 |
| Kopiervorlage 30a: Tafelbild/Folienbild Gans oder ganz, viel oder fiel? | 94 |
| Kopiervorlage 30b: Arbeitsblatt Gans oder ganz, viel oder fiel? | 95 |
| Kopiervorlage 30c: Lösungen zum Arbeitsblatt 30b | 96 |
| Kopiervorlage 31a: Tafelbild/Folienbild Der Lehrer erzählt: Meine erste Begegnung mit Zigaretten | 97 |
| Kopiervorlage 31b: Arbeitsblatt Der Lehrer erzählt: Meine erste Begegnung mit Zigaretten | 98 |
| Kopiervorlage 31c: Lösungen zum Arbeitsblatt 31b | 99 |
| Kopiervorlage 32a: Tafelbild/Folienbild Das s✳ltsam✳ R✳z✳pt | 100 |
| Kopiervorlage 32b: Arbeitsblatt Das s✳ltsam✳ R✳z✳pt | 101 |
| Kopiervorlage 32c: Lösungen zum Arbeitsblatt 32b | 102 |
| Kopiervorlage 33a: Tafelbild/Folienbild ä und a | 103 |
| Kopiervorlage 33b: Arbeitsblatt Schriftliches ä und a | 104 |
| Kopiervorlage 33c: Lösungen zum Arbeitsblatt 33b | 105 |
| Kopiervorlage 34a: Tafelbild/Folienbild Wortbausteine für Namenwörter | 106 |
| Kopiervorlage 34b: Arbeitsblatt Wortbausteine für Namenwörter | 107 |
| Kopiervorlage 34c: Lösungen zum Arbeitsblatt 34b | 108 |

Kopiervorlage 35a: Tafelbild/Folienbild Wir sagen es genauer ............................ 109
Kopiervorlage 35b: Arbeitsblatt Wir sagen es genauer ................................. 110
Kopiervorlage 35c: Lösungen zum Arbeitsblatt 35b................................... 111
Kopiervorlage 36a: Tafelbild/Folienbild Wer hilft suchen? .............................. 112
Kopiervorlage 36b: Arbeitsblatt Wer hilft suchen? .................................... 113
Kopiervorlage 36c: Lösungen zum Arbeitsblatt 36b................................... 114
Kopiervorlage 37a: Tafelbild/Folienbild Das äu ...................................... 115
Kopiervorlage 37b: Arbeitsblatt Das äu ............................................ 116
Kopiervorlage 37c: Lösungen zum Arbeitsblatt 37b................................... 117
Kopiervorlage 38a: Tafelbild/Folienbild Die Nachsilbe -los.............................. 118
Kopiervorlage 38b: Arbeitsblatt Die Nachsilbe -los.................................... 119
Kopiervorlage 38c: Lösungen zum Arbeitsblatt 38b................................... 120
Kopiervorlage 39a: Tafelbild/Folienbild Nach dem Krieg ............................... 121
Kopiervorlage 39b: Arbeitsblatt Nach dem Krieg ..................................... 122
Kopiervorlage 39c: Lösungen zum Arbeitsblatt 39b................................... 123
Kopiervorlage 40a: Tafelbild/Folienbild Tabeas Aufsatz................................ 124
Kopiervorlage 40b: Arbeitsblatt Tabeas Aufsatz ...................................... 125
Kopiervorlage 40c: Lösungen zum Arbeitsblatt 40b................................... 126
Kopiervorlage 41a: Tafelbild/Folienbild Di✳ W✳id✳ auf d✳r Stadtmau✳r................. 127
Kopiervorlage 41b: Arbeitsblatt Di✳ W✳id✳ auf d✳r Stadtmau✳r........................ 128
Kopiervorlage 41c: Lösungen zum Arbeitsblatt 41b................................... 129
Kopiervorlage 42a: Tafelbild/Folienbild Marcs Beet und das Loch im Gartenzaun ............ 130
Kopiervorlage 42b: Arbeitsblatt Marcs Beet und das Loch im Gartenzaun .................. 131
Kopiervorlage 42c: Lösungen zum Arbeitsblatt 42b................................... 132
Kopiervorlage 43a: Tafelbild/Folienbild d oder t am Schluss?............................ 133
Kopiervorlage 43b: Arbeitsblatt d oder t am Schluss? ................................. 134
Kopiervorlage 43c: Lösungen zum Arbeitsblatt 43b................................... 135
Kopiervorlage 44a: Tafelbild/Folienbild Frau Maus schreibt einen Brief an Frau Katze......... 136
Kopiervorlage 44b: Arbeitsblatt Frau Maus schreibt einen Brief an Frau Katze............... 137
Kopiervorlage 44c: Lösungen zum Arbeitsblatt 44b................................... 138
Kopiervorlage 45a: Tafelbild/Folienbild Schl und schw ................................ 139
Kopiervorlage 45b: Arbeitsblatt Schl und schw....................................... 140
Kopiervorlage 45c: Lösungen zum Arbeitsblatt 45b................................... 141
Kopiervorlage 46a: Tafelbild/Folienbild Nach „zum" und „beim" – aufgepasst! ............. 142
Kopiervorlage 46b: Arbeitsblatt Nach „zum" und „beim" – aufgepasst! ................... 143
Kopiervorlage 46c: Lösungen zum Arbeitsblatt 46b................................... 144
Kopiervorlage 47a: Tafelbild/Folienbild Das Super-Rad ................................ 145
Kopiervorlage 47b: Arbeitsblatt Das Super-Rad ...................................... 146
Kopiervorlage 47c: Lösungen zum Arbeitsblatt 47b................................... 147
Kopiervorlage 48a: Tafelbild/Folienbild ✳in vorsichtig✳r Träum✳r ....................... 148
Kopiervorlage 48b: Arbeitsblatt ✳in vorsichtig✳r Träum✳r ............................. 149
Kopiervorlage 48c: Lösungen zum Arbeitsblatt 48b................................... 150
Kopiervorlage 49a: Tafelbild/Folienbild Kan◆nch✳njagd ............................... 151
Kopiervorlage 49b: Arbeitsblatt Kan◆nch✳njagd ..................................... 152
Kopiervorlage 49c: Lösungen zum Arbeitsblatt 49b................................... 153
Kopiervorlage 50a: Tafelbild/Folienbild Hxnnchyns Trxum vom Glück..................... 154
Kopiervorlage 50b: Arbeitsblatt Hxnnchyns Trxum vom Glück .......................... 155
Kopiervorlage 50c: Lösungen zum Arbeitsblatt 50b................................... 156

# Vorwort

Das ist typischer Schulalltag: In aller Regelmäßigkeit müssen Lehrkräfte (oft auch sehr kurzfristig) Vertretungsunterricht durchführen, sei es in der Form, dass Kinder aus anderen Klassen aufgeteilt werden oder die Lehrkräfte selbst Vertretungsstunden in „fremden" Klassen halten. In beiden Fällen muss das Material für einen reibungslosen und effektiven Ablauf klar und gut durchstrukturiert sein. Die vorliegende Veröffentlichung versucht Sie an dieser Stelle zu unterstützen und bietet schnell vorbereitete, einfach zu handhabende und gewinnbringende Unterrichtsmaterialien in Form von Arbeitsblättern und Tafelbildern bzw. Folieneinstiegen an. Dabei sind alle Themen an den Lehrplänen und Bildungsstandards des jeweiligen Fachs orientiert. Auch und gerade für fachfremd unterrichtende Lehrkräfte stellt dieses Buch einen fachlich und didaktisch Zugang zu eventuell weniger bekannten Themengebieten dar.

Die Materialien sind praxisgetestet und haben uns für die Vorbereitung und Durchführung von Vertretungsstunden äußerst nützliche Arbeit geleistet.

Dabei ist das in der Veröffentlichung durchgängig praktizierte Prinzip des Dreiklangs zwischen Tafelbild/Folienbild, Arbeitsblatt und Lösungsblatt hervorzuheben. Anbei einige Anmerkungen zu diesen drei Komponenten.

## Tafelbild/Folienbild

Zu Beginn der Stunde wird eine Thematik per Tafelbild oder Folienbild gemeinsam mit den Schülern besprochen, erarbeitet oder auch wiederholt. Der Grad des eigenständigen Erarbeitens kann in diesem Zusammenhang von der Lehrkraft selbst bestimmt werden. Oft kann der angebotene Folieneinstieg oder das Tafelbild auch von den Schülerinnen und Schülern komplett eigenständig bearbeitet werden. Auf jeden Fall stellt die Einstiegsphase eine wichtige inhaltliche Voraussetzung für die nachfolgende Phase, in welcher das Arbeitsblatt bearbeitet bzw. die Thematik geübt und vertieft werden soll, dar.

## Arbeitsblatt

Das Arbeitsblatt bietet zahlreiche Möglichkeiten, um den gelernten Wissensstoff weiter zu festigen und intensiver zu durchdringen. Dabei werden zunächst zahlreiche Aufgaben auf einem reproduktiven Anforderungsniveau angeboten. Am Ende des Arbeitsblattes erhalten die Schülerinnen und Schüler die Möglichkeit, ihre Kompetenzen weiter auszuarbeiten.

Alle Arbeitsblätter sind so konzipiert, dass eine 45-minütige Unterrichtssequenz sinnvoll und komplett ausgefüllt wird.

## Lösungen

Sowohl für die Schülerinnen und Schüler als auch für die (eventuell fachfremde) Lehrkraft wird am Ende jedes Themas ein Lösungsblatt angeboten.

*Marco Bettner und Dr. Erik Dinges*

## Das Pf oder pf

die ___orte, das ___erd, die ___ütze, der ___au, die ___ote

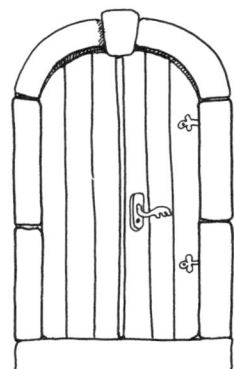  

**Pf** —
- laume _____
- eife _____
- andflasche _____
- osten _____
- und _____
- ad _____
- eil _____

Schreibe jedes Wort mit dem bestimmten Begleiter (Artikel) auf.

# Das PF oder pf

**1.** Ergänze.

die \_\_\_\_orte, das \_\_\_\_erd, die \_\_\_\_ütze, der \_\_\_\_au, die \_\_\_\_ote

**2.** Setze die unbestimmten Begleiter zu jedem Wort.
Schreibe ins Heft: die Pforte – eine Pforte, das Pferd …

**Pf**
- laume _____
- eife _____
- andflasche _____
- osten _____
- und _____
- ad _____
- eil _____

**3.** Schau die Reihen waagerecht und senkrecht durch und finde Wörter mit pf.

**Rätsel**

| Z | A | P | F | E | N | F | P | F | A | R | R | E | R | W |
|---|---|---|---|---|---|---|---|---|---|---|---|---|---|---|
| U | P | P | S | T | A | P | F | E | N | U | U | P | F | I |
| P | F | E | R | D | P | I | A | F | Z | M | P | F | P | P |
| F | E | Z | A | P | F | E | N | K | O | P | F | E | R | F |
| E | L | F | P | F | A | K | N | O | P | F | E | P | F | E |
| N | T | O | P | F | U | P | E | P | F | A | N | D | P | L |

Kopiervorlage 1c: Lösungen zum Arbeitsblatt 1b

# Das PF oder pf

1. Ergänze.

   die __Pf__orte, das __Pf__erd, die __Pf__ütze, der __Pf__au, die __Pf__ote

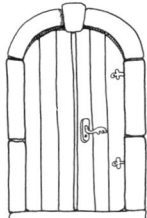    

2. Setze die unbestimmten Begleiter zu jedem Wort.
   Schreibe ins Heft: die Pforte – eine Pforte, das Pferd …

   Pf—
   - laume __die Pflaume – eine Pflaume__
   - eife __die Pfeife – eine Pfeife__
   - andflasche __die Pfandflasche – eine Pfandflasche__
   - osten __der Pfosten – ein Pfosten__
   - und __das Pfund – ein Pfund__
   - ad __der Pfad – ein Pfad__
   - eil __der Pfeil – ein Pfeil__

3. Schau die Reihen waagerecht und senkrecht durch und finde Wörter mit pf.

   **Rätsel**

   | Z | A | P | F | E | N | F | P | F | A | R | R | E | R | W |
   |---|---|---|---|---|---|---|---|---|---|---|---|---|---|---|
   | U | P | P | S | T | A | P | F | E | N | U | U | P | F | I |
   | P | F | E | R | D | P | I | A | F | Z | M | P | F | P | P |
   | F | E | Z | A | P | F | E | N | K | O | P | F | E | R | F |
   | E | L | F | P | F | A | K | N | O | P | F | E | P | F | E |
   | N | T | O | P | F | U | P | E | P | F | A | N | D | P | L |

# Das Qu oder qu

Kaul___appe, ___älen, ___etschen, ___aken,

___er, ___ieken, be___em, ___almen

Setze die passenden Wörter in den Lückentext ein.

Niemand soll Tiere _____. Esther läuft _____ über

die Straße. In diesem Sessel kann ich _____ sitzen.

Der Auspuff _____. Am Teich _____ ein Frosch.

Die Schweine _____ vor Hunger. An der Klassentür

hat Alexander sich die Hand _____.

Aus einer _____ wird später ein Frosch oder

eine Kröte.

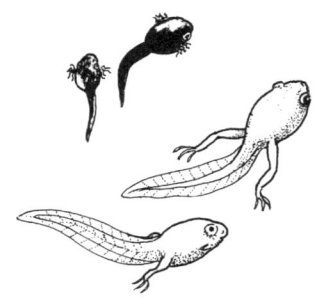
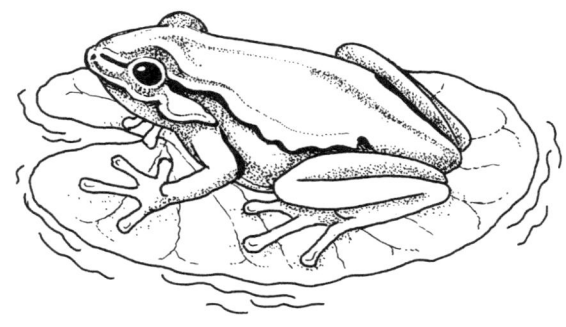

Kopiervorlage 2b: Arbeitsblatt Das Qu oder qu

## Das Qu oder qu

1. Setze qu ein.

   Kaul____appe, ____älen, ____etschen, ____aken, ____er, ____ieken, be____em, ____almen

2. Schreibe den Text in dein Heft und setze die passenden Wörter ein.

   Niemand soll Tiere _____. Esther läuft _____ über die Straße.

   In diesem Sessel kann ich _____ sitzen. Der Auspuff _____.

   Am Teich _____ ein Frosch. Die Schweine _____ vor Hunger.

   An der Klassentür hat Alexander sich die Hand _____.

   Aus einer _____ wird später ein Frosch oder eine Kröte.

3. Bei diesen Wörtern ist die Erklärung verwechselt worden.
   Schreibe die Wörter mit der richtigen Erklärung ins Heft.

   der Quark = Schmerz           die Quelle = Rauch
   der Qualm = Anfang            das Quartier = Schein
   die Quittung = Unterkunft     die Qual = Milcherzeugnis

4. Schreibe jedes Wort mit dem Begleiter (Artikel) auf.

Kopiervorlage 2c: Lösungen zum Arbeitsblatt 2b

## Das Qu oder qu

1. Setze qu ein.

   Kaul_qu_appe, _qu_älen, _qu_etschen, _qu_aken, _qu_er, _qu_ieken, be_qu_em, _qu_almen

2. Schreibe den Text in dein Heft und setze die passenden Wörter ein.

   Niemand soll Tiere __quälen__. Esther läuft __quer__ über die Straße.

   In diesem Sessel kann ich __bequem__ sitzen. Der Auspuff __qualmt__.

   Am Teich __quakt__ ein Frosch. Die Schweine __quieken__ vor Hunger.

   An der Klassentür hat Alexander sich die Hand __gequetscht__.

   Aus einer __Kaulquappe__ wird später ein Frosch oder eine Kröte.

3. Bei diesen Wörtern ist die Erklärung verwechselt worden.
   Schreibe die Wörter mit der richtigen Erklärung ins Heft.

   der Quark = Milcherzeugnis     die Quelle = Anfang
   der Qualm = Rauch     das Quartier = Unterkunft
   die Quittung = Schein     die Qual = Schmerz

4. Schreibe jedes Wort mit dem Begleiter (Artikel) auf.

   Qu
   - ark — der Quark
   - elle — die Quelle
   - alm — der Qualm
   - artier — das Quartier
   - ittung — die Quittung
   - atsch — der Quatsch

12

# Streit in der Schule

Erzähle die Geschichte.

Gebrauche die Wörter:
**Kakaoflasche, Schultasche, Streit, an den Haaren ziehen, Tisch, Stoß, herunterfallen, zerbrechen, auslaufen**

## Streit in der Schule

1. Schreibe nun die Geschichte auf.
   Gebrauche die Wörter:
   **Kakaoflasche, Schultasche, Streit, an den Haaren ziehen, Tisch, Stoß, herunterfallen, zerbrechen, auslaufen**

Kopiervorlage 3c: Lösungen zum Arbeitsblatt 3b

## Streit in der Schule

1. Schreibe nun die Geschichte auf.
   Gebrauche die Wörter:
   **Kakaoflasche, Schultasche, Streit, an den Haaren ziehen, Tisch, Stoß, herunterfallen, zerbrechen, auslaufen**

*Individuelle Lösungen.*

# Ordnen nach dem Abc

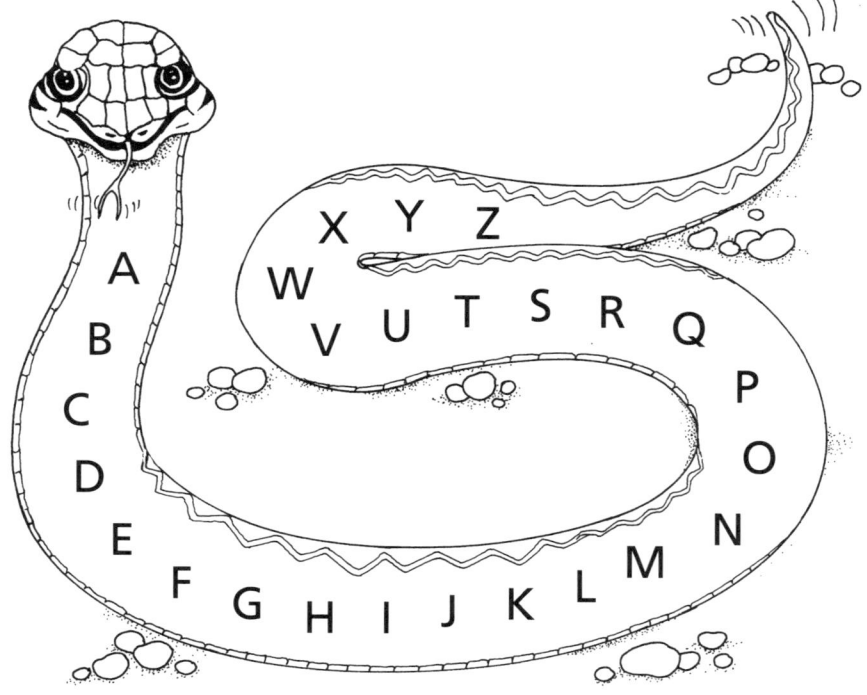

Wenn du in der **Wörterliste** Wörter mit gleichem Anfangsbuchstaben suchst, musst du auf den zweiten Buchstaben achten!
Beispiel: A(r)m, A(p)fel, ...
Der zweite Buchstabe r kommt im Abc nach dem p.
Apfel muss in der Wörterliste deshalb vor Arm stehen.

Arm _____

Auto _____

Apfel _____

Birne _____

Ball _____

Blase _____

Kopiervorlage 4b: Arbeitsblatt Ordnen nach dem Abc

## Ordnen nach dem Abc

**1.** Ordne jeweils die Wörter nach dem Abc.

> Wenn du in der **Wörterliste** Wörter mit gleichem Anfangsbuchstaben suchst, musst du auf den zweiten Buchstaben achten!
> Beispiel: A(r)m, A(p)fel, …
> Der zweite Buchstabe r kommt im Abc nach dem p. Apfel muss in der Wörterliste deshalb vor Arm stehen.

Arm  _____

Auto  _____

Apfel  _____

Birne  _____

Ball  _____

Blase  _____

| | | |
|---|---|---|
| Frau _____ | Dach _____ | Esel _____ |
| Felsen _____ | Dieb _____ | Eule _____ |
| Fahne _____ | Dreirad _____ | Enkel _____ |
| machen _____ | rund _____ | Lastwagen _____ |
| malen _____ | rudern _____ | lachen _____ |
| mager _____ | ruhig _____ | langsam _____ |
| mancher _____ | rumpeln _____ | Laterne _____ |

**2.** Ordne im Heft.

Apfeltorte – Apfelmus – Apfelsaft – Apfelbaum – Apfelkuchen

Obstsaft – Obstkuchen – Obstgarten – Obsternte – Obsttorte

Autowerkstatt – Autobahn – Autoatlas – Autofahrt – Autokino

Dachpappe – Dachziegel – Dachfenster – Dachluke – Dachstuhl

Kopiervorlage 4c: Lösungen zum Arbeitsblatt 4b

# Ordnen nach dem Abc

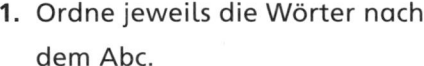

1. Ordne jeweils die Wörter nach dem Abc.

| | | | | | |
|---|---|---|---|---|---|
| Arm | Apfel | | | | |
| Auto | Arm | | | | |
| Apfel | Auto | | | | |
| | | | | | |
| Birne | Ball | | | | |
| Ball | Birne | | | | |
| Blase | Blase | | | | |

> Wenn du in der **Wörterliste** Wörter mit gleichem Anfangsbuchstaben suchst, musst du auf den zweiten Buchstaben achten!
> Beispiel: Aⓡm, Aⓟfel, …
> Der zweite Buchstabe r kommt im Abc nach dem p. Apfel muss in der Wörterliste deshalb vor Arm stehen.

| | | | | | |
|---|---|---|---|---|---|
| Frau | Fahne | Dach | Dach | Esel | Enkel |
| Felsen | Felsen | Dieb | Dieb | Eule | Esel |
| Fahne | Frau | Dreirad | Dreirad | Enkel | Eule |
| | | | | | |
| machen | machen | rund | rudern | Lastwagen | Lachen |
| malen | mager | rudern | ruhig | lachen | langsam |
| mager | malen | ruhig | rumpeln | langsam | Lastwagen |
| mancher | mancher | rumpeln | rund | Laterne | Laterne |

2. Ordne im Heft.

Apfeltorte – Apfelmus – Apfelsaft – Apfelbaum – Apfelkuchen

Obstsaft – Obstkuchen – Obstgarten – Obsternte – Obsttorte

Autowerkstatt – Autobahn – Autoatlas – Autofahrt – Autokino

Dachpappe – Dachziegel – Dachfenster – Dachluke – Dachstuhl

# Eine Postkarte geht auf die Reise

1. Fülle die Lücken mit folgenden Wörtern:
   **Briefkasten, Stempel, Briefmarke, Absender, Adresse, Poststelle, Flugzeug, Postbote**

Juliane ist in eine andere Stadt gezogen. Sarah schreibt ihr einen Geburtstagsgruß. Sie schreibt die _____ auf die Karte und fügt den _____ hinzu. Dann klebt sie eine _____ auf. Sie bringt die Karte zur _____. Später wird der Kasten geleert. Die Karte bekommt auf der _____ einen _____. In einem Beutel reist die Karte mit der Eisenbahn, dem Bus oder dem _____ zum Bestimmungsort. Dort bringt sie der _____ zu Julianes Hausbriefkasten.

# Eine Postkarte geht auf die Reise

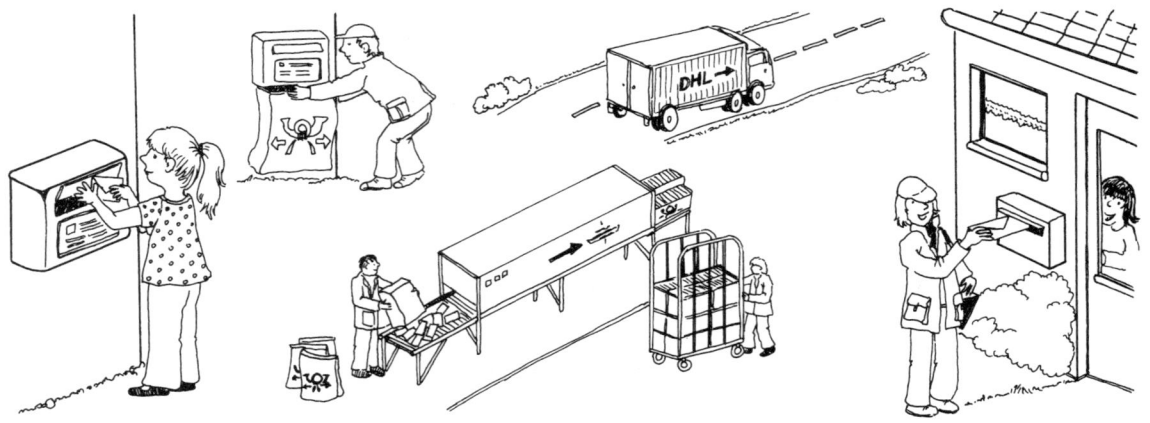

1. Lies die Geschichte von der Postkarte und fülle die Lücken mit folgenden Wörtern:
   **Briefkasten, Stempel, Briefmarke, Absender, Adresse, Poststelle, Flugzeug, Postbote**

Juliane ist in eine andere Stadt gezogen. Sarah schreibt ihr einen Geburtstagsgruß.

Sie schreibt die _____ auf die Karte und fügt den _____ hinzu.

Dann klebt sie eine _____ auf. Sie bringt die Karte zum _____.

Später wird der Kasten geleert. Die Karte bekommt auf der _____

einen _____. In einem Beutel reist die Karte mit der Eisenbahn, dem Lkw oder

dem _____ zum Bestimmungsort. Dort bringt sie der _____ zu

Julianes Hausbriefkasten.

Kopiervorlage 5c: Lösungen zum Arbeitsblatt 5b

## Eine Postkarte geht auf die Reise

**1.** Lies die Geschichte von der Postkarte und fülle die Lücken mit folgenden Wörtern:
**Briefkasten, Stempel, Briefmarke, Absender, Adresse, Poststelle, Flugzeug, Postbote**

Juliane ist in eine andere Stadt gezogen. Sarah schreibt ihr einen Geburtstagsgruß.

Sie schreibt die __Adresse__ auf die Karte und fügt den __Absender__ hinzu.

Dann klebt sie eine __Briefmarke__ auf. Sie bringt die Karte zum __Briefkasten__.

Später wird der Kasten geleert. Die Karte bekommt auf der __Poststelle__

einen __Stempel__. In einem Beutel reist die Karte mit der Eisenbahn, dem Lkw oder

dem __Flugzeug__ zum Bestimmungsort. Dort bringt sie der __Postbote__ zu

Julianes Hausbriefkasten.

# Ein Telefongespräch

Tim ruft seine Mutter an: Mutti, ich muss dich etwas fragen.
Die Mutter fragt: Was hast du denn auf dem Herzen?
Ich wollte für dich Pudding kochen, antwortet Tim.
Darüber freue ich mich immer, meint die Mutter.
Tim sagt: Aber heute ist etwas passiert. Ich habe statt
Zucker aus Versehen Salz in den Pudding gerührt.
Wie kann ich das jetzt wieder herausbekommen?

Setze die fehlenden Anführungszeichen ein.

Kopiervorlage 6b: Arbeitsblatt Ein Telefongespräch

# Ein Telefongespräch

1. Schreibe die Geschichte ab und setze die fehlenden Anführungszeichen ein.

   Tim ruft seine Mutter an: Mutti, ich muss dich etwas fragen. Die Mutter fragt: Was hast du denn auf dem Herzen? Ich wollte für dich Pudding kochen, antwortet Tim. Darüber freue ich mich immer, meint die Mutter.
   Tim sagt: Aber heute ist etwas passiert. Ich habe statt Zucker aus Versehen Salz in den Pudding gerührt. Wie kann ich das jetzt wieder herausbekommen?

> Wenn jemand etwas sagt, wird das in einem Text besonders gekennzeichnet.
> Zu Beginn stehen Anführungszeichen unten „
> Am Ende stehen Anführungszeichen oben "
> Das heißt: **wörtliche Rede**.

Kopiervorlage 6c: Lösungen zum Arbeitsblatt 6b

### Ein Telefongespräch

1. Schreibe die Geschichte ab und setze die fehlenden Anführungszeichen ein.

   Tim ruft seine Mutter an: Mutti, ich muss dich etwas fragen. Die Mutter fragt: Was hast du denn auf dem Herzen? Ich wollte für dich Pudding kochen, antwortet Tim. Darüber freue ich mich immer, meint die Mutter.
   Tim sagt: Aber heute ist etwas passiert. Ich habe statt Zucker aus Versehen Salz in den Pudding gerührt. Wie kann ich das jetzt wieder herausbekommen?

> Wenn jemand etwas sagt, wird das in einem Text besonders gekennzeichnet.
> Zu Beginn stehen Anführungszeichen unten „
> Am Ende stehen Anführungszeichen oben "
> Das heißt: **wörtliche Rede**.

Ein Telefongespräch

Tim ruft seine Mutter an: „Mutti, ich muss dich etwas fragen." Die Mutter fragt: „Was hast du denn auf dem Herzen?" „Ich wollte für dich Pudding kochen," antwortet Tim.
„Darüber freue ich mich immer," meint die Mutter.
Tim sagt: „Aber heute ist etwas passiert. Ich habe statt Zucker aus Versehen Salz in den Pudding gerührt. Wie kann ich das jetzt wieder herausbekommen?"

Kopiervorlage 7a: Tafelbild/Folienbild Das ie

# Das ie

das Knie

das Tier

der Dienstag

der Dieb

die Miete

das Lied

der Spiegel

der Frieden

das Papier

das Wiesel

der Stiel

die Zwiebel

das Fieber

die Fliege

das Ziel

der Ziegel

die Biene

der Stiefel

der Diener

der Unterschied

Ordne die Wörter nach dem Abc.

_____

_____

_____

_____

_____

_____

Kopiervorlage 7b: Arbeitsblatt Das ie

## Das ie

**1.** Das lang gesprochene i wird oft ie geschrieben. Ordne die Wörter nach dem Abc.

das Knie  der Dienstag  das Lied  der Spiegel
das Tier  der Dieb  die Miete
der Frieden  der Stiel  das Wiesel  das Papier
die Zwiebel  das Ziel  die Biene
die Fliege
der Ziegel  das Fieber
der Diener  der Stiefel
der Unterschied

_____
_____
_____
_____

**2.** Schreibe vor jedes Wort „dieser", „diese" oder „dieses".

_____
_____
_____
_____
_____

Kopiervorlage 7c: Lösungen zum Arbeitsblatt 7b

## Das ie

**1.** Das lang gesprochene i wird oft ie geschrieben. Ordne die Wörter nach dem Abc.

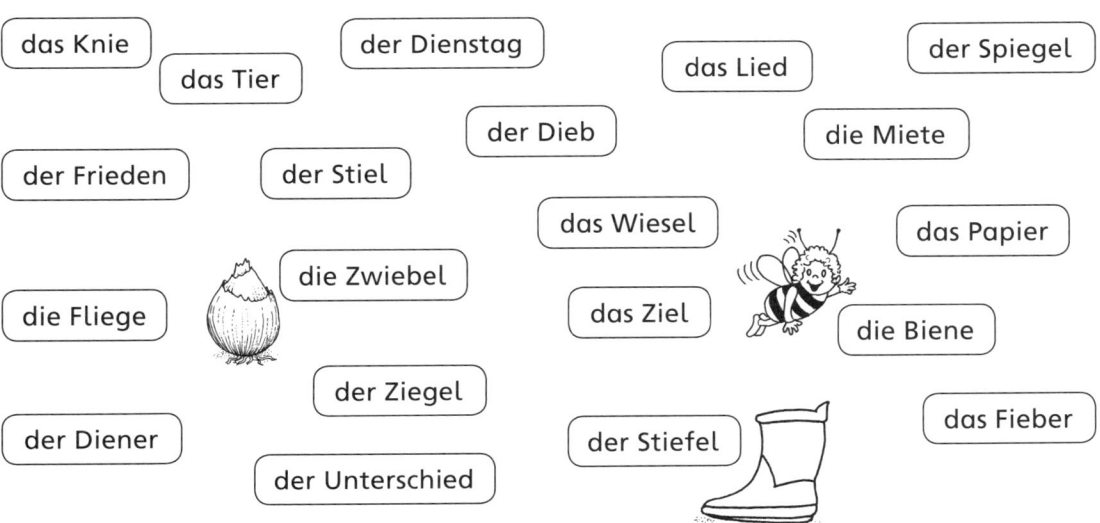

die Biene, der Dieb, der Diener, der Dienstag, das Fieber,
die Fliege, der Frieden, das Knie, das Lied, die Miete, das Papier,
das Sieb, der Spiegel, der Stiefel, der Stiel, das Tier,
der Unterschied, das Wiesel, der Ziegel, das Ziel

**2.** Schreibe vor jedes Wort „dieser", „diese" oder „dieses".

dieses Knie, dieser Stiel, dieses Lied, dieses Ziel, dieser Dieb,
dieses Sieb, dieses Tier, dieses Wiesel, diese Zwiebel,
diese Miete, dieses Fieber, diese Biene, dieses Papier,
diese Fliege, dieser Diener, dieser Unterschied, dieser Spiegel,
dieser Frieden, dieser Ziegel, dieser Stiefel

## Der Mann, der nicht satt wurde

Einmannhattegroßenhunger.
Dagingerineinebäckereiundkauftesicheinbrot.
Zuerstaßereinweißbrotabererwarnochnichtsatt.
Dannaßeingraubrotabererwarimmernochnichtsatt.
Danachaßereinenkuchenaberdaswarauchnochnichtgenug.
Zuletztaßereinbrötchen.
Jetztwarersatt.
Ersagtemitdembrötchenhätteichanfangensollen.
Dannhätteichmirallesanderesparenkönnen.

Lies die Anklebesätze langsam durch.
Trenne die Wörter durch Striche.

Kopiervorlage 8b: Arbeitsblatt Der Mann, der nicht satt wurde

### Der Mann, der nicht satt wurde

1. Schreibe den Text richtig auf. Denk auch an die Satzzeichen und die Anführungszeichen.

Einmannhattegroßenhunger. Dagingerineinebäckereiundkauftesicheinbrot.
Zuerstaßereinweißbrotabererwarnochnichtsatt.
Dannaßereingraubrotabererwarimmernochnichtsatt.
Danachaßereinenkuchenaberdaswarauchnochnichtgenug.
Zuletztaßereinbrötchen. Jetztwarersatt.
Ersagtemitdembrötchenhätteichanfangensollen.
Dannhätteichmirallesanderesparenkönnen.

### Der Mann, der nicht satt wurde

1. Schreibe den Text richtig auf. Denk auch an die Satzzeichen und die Anführungszeichen.

Einmannhattegroßenhunger. Dagingerineinebäckereiundkauftesicheinbrot.
Zuerstaßereinweißbrotabererwarnochnichtsatt.
Dannaßeringraubrotabererwarimmernochnichtsatt.
Danachaßereinenkuchenaberdaswarauchnochnichtgenug.
Zuletztaßereinbrötchen. Jetztwarersatt.
Ersagtemitdembrötchenhätteichanfangensollen.
Dannhätteichmirallesanderesparenkönnen.

Der Mann, der nicht satt wurde

Ein Mann hatte großen Hunger. Da ging er in eine Bäckerei und kaufte sich ein Brot. Zuerst aß er ein Weißbrot, aber er war noch nicht satt. Dann aß er ein Graubrot, aber er war immer noch nicht satt. Danach aß er einen Kuchen, aber das war auch noch nicht genug. Zuletzt aß er ein Brötchen. Jetzt war er satt. Er sagte: „Mit dem Brötchen hätte ich anfangen sollen. Dann hätte ich mir alles andere sparen können."

# Das ah, eh, oh, uh, äh, öh, üh

das Stroh, das Jahr, die Fahrt, das Reh, kehren, der Zahn,
der Sohn, das Gewehr, stehlen, das Rohr, der Lehm, zahlen,
die Uhr, der Lohn, der Kahn, der Pfahl, das Mehl, wahr, lahm,
die Fahrt, die Lehne, die Zahl, der Strahl, die Bohne, hohl,
das Ohr, der Hahn, das Huhn, die Bahn, die Nahrung,
der Fehler, die Kohle, die Kehle, zahm, der Bohrer

Sortiere die Wörter.

| Wörter mit ah: | Wörter mit eh: | Wörter mit oh: | Wörter mit uh: |
| --- | --- | --- | --- |
| _____ | _____ | _____ | _____ |
| _____ | _____ | _____ | _____ |
| _____ | _____ | _____ | _____ |
| _____ | _____ | _____ | _____ |
| _____ | _____ | _____ | _____ |
| _____ | _____ | _____ | _____ |
| _____ | _____ | _____ | _____ |
| _____ | _____ | _____ | _____ |

## Das ah, eh, oh, uh, äh, öh, üh

**1.** Sortiere die Wörter.

das Stroh, das Jahr, gähnen, zählen,
die Fahrt, das Reh, kehren, der Zahn,
der Sohn, das Gewehr, stehlen, kühl,
das Rohr, die Mühle, der Lehm, zahlen,
die Uhr, der Lohn, der Kahn, die Höhle, der Pfahl, das Mehl, wahr, der Kühler,
lahm, die Fahrt, wählen, die Lehne, die Zahl, der Strahl, die Bohne, die Ähre, hohl,
das Ohr, wühlen, der Hahn, das Huhn, die Bühne, die Bahn, die Nahrung, der Fehler,
die Kohle, die Kehle, zahm, die Möhre, krähen, der Bohrer, mühsam,

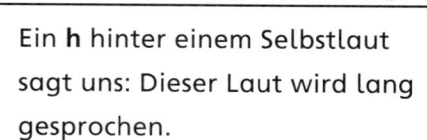

> Ein **h** hinter einem Selbstlaut sagt uns: Dieser Laut wird lang gesprochen.

Wörter mit ah:

Wörter mit eh:

Wörter mit oh:

Wörter mit äh:

Wörter mit uh:

Wörter mit üh:

Wörter mit öh:

Kopiervorlage 9c: Lösungen zum Arbeitsblatt 9b

## Das ah, eh, oh, uh, äh, öh, üh

**1.** Sortiere die Wörter.

das Stroh, das Jahr, gähnen, zählen, die Fahrt, das Reh, kehren, der Zahn, der Sohn, das Gewehr, stehlen, kühl, das Rohr, die Mühle, der Lehm, zahlen,

Ein **h** hinter einem Selbstlaut sagt uns: Dieser Laut wird lang gesprochen.

die Uhr, der Lohn, der Kahn, die Höhle, der Pfahl, das Mehl, wahr, der Kühler, lahm, die Fahrt, wählen, die Lehne, die Zahl, der Strahl, die Bohne, die Ähre, hohl, das Ohr, wühlen, der Hahn, das Huhn, die Bühne, die Bahn, die Nahrung, der Fehler, die Kohle, die Kehle, zahm, die Möhre, krähen, der Bohrer, mühsam,

| Wörter mit ah: | Wörter mit eh: | Wörter mit oh: | Wörter mit äh: |
|---|---|---|---|
| das Jahr | das Reh | das Stroh | gähnen |
| die Fahrt | kehren | der Sohn | zählen |
| der Zahn | das Gewehr | das Rohr | wählen |
| zahlen | stehlen | der Lohn | die Ähre |
| der Kahn | der Lehm | die Bohne | krähen |
| der Pfahl | das Mehl | hohl | |
| wahr | die Lehne | das Ohr | |
| lahm | der Fehler | die Kohle | |
| die Fahrt | die Kehle | der Bohrer | |
| die Zahl | | | |
| der Strahl | **Wörter mit uh:** | **Wörter mit üh:** | **Wörter mit öh:** |
| der Hahn | die Uhr | kühl | die Höhle |
| die Bahn | das Huhn | die Mühle | die Möhre |
| die Nahrung | | der Kühler | |
| zahm | | wühlen | |
| | | die Bühne | |
| | | mühsam | |

## Das a, e, o, u, ä, ö, ü

Es gibt Wörter, bei denen **a, e, o, u** und **ä, ö, ü** lang gesprochen werden.
Trotzdem sehen wir kein h und kein aa, ee, oo.

   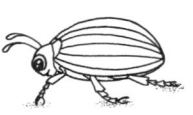 

**O**bst    B**re**zel    T**u**be    K**ä**fer    Gl**a**s

Setze a, e, o, u, ä, ö, ü ein.

der H___ring, die Sch___re, der L___we,

die T___fel, die Tromp___te, der B___r,

das Gl___s, der H___nig, die R___be,

der Br___der, der F___ß, die Str___ße

   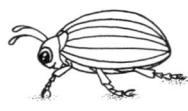 

___bst    Br___zel    T___be    K___fer    Gl___s

Setze ein.

Kopiervorlage 10b: Arbeitsblatt Das a, e, o, u, ä, ö, ü

## Das a, e, o, u, ä, ö, ü

1. Setze a, e, o, u, ä, ö, ü ein.
   Denke dir dann zu jedem Wort einen Satz aus und schreibe ihn auf.

   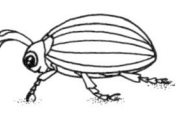 

Obst          Brezel          Tube          Käfer          Glas

der H__ring, die Sch__re, der L__we,

die T__fel, die Tromp__te, der B__r,

das Gl__s, der H__nig, die R__be,

der Br__der, der F__ß, die Str__ße

> Es gibt Wörter, bei denen **a, e, o, u** und **ä, ö, ü** lang gesprochen werden. Trotzdem sehen wir kein h und kein aa, ee, oo.

_____
_____
_____
_____
_____
_____
_____
_____
_____

Kopiervorlage 10c: Lösungen zum Arbeitsblatt 10b

## Das a, e, o, u, ä, ö, ü

**1.** Setze a, e, o, u, ä, ö, ü ein.
Denke dir dann zu jedem Wort einen Satz aus und schreibe ihn auf.

Obst    Brezel    Tube    Käfer    Glas

der H**e**ring, die Sch**e**re, der L**ö**we,

die T**a**fel, die Tromp**e**te, der B**ä**r,

das Gl**a**s, der H**o**nig, die R**ü**be,

der Br**u**der, der F**u**ß, die Str**a**ße

> Es gibt Wörter, bei denen **a, e, o, u** und **ä, ö, ü** lang gesprochen werden. Trotzdem sehen wir kein h und kein aa, ee, oo.

Der Hering        Individuelle Lösungen.

Die Schere

Der Löwe

Die Tafel

Die Trompete

Der Bär

Das Glas

Der Honig

Die Rübe

Der Bruder

Der Fuß

Die Straße

Kopiervorlage 11a: Tafelbild/Folienbild Doppelte Mitlaute

## Doppelte Mitlaute

der Donner, die Sonne, das Gewitter, das Unwetter,
der Hammer, die Tasse, fallen, sammeln, schwimmen,
die Blätter, die Treppe, bellen, essen, der Zettel, retten,
die Stimme, beginnen, klettern, der Schlitten

Sortiere die Wörter.

Namenwörter (Nomen):

_____

_____

_____

_____

Tunwörter (Verben):

_____

_____

_____

_____

Kopiervorlage 11b: Arbeitsblatt Doppelte Mitlaute

## Doppelte Mitlaute

**1.** Sortiere die Wörter.

der Donner, die Sonne, das Gewitter, das Unwetter, der Hammer, die Tasse, fallen, sammeln, schwimmen, die Blätter, die Treppe, bellen, essen, der Zettel, retten, die Stimme, beginnen, klettern, der Schlitten, das Schiff, gewinnen, der Sommer, bitten, die Suppe, die Wolle, rollen, hoffen, die Kartoffel, der Koffer, kommen, der Brunnen, brummen, der Sessel, kennen, der Stall

Namenwörter (Nomen):

_____  _____  _____  _____
_____  _____  _____  _____
_____  _____  _____  _____
_____  _____  _____  _____
_____  _____  _____  _____

Tunwörter (Verben):

_____  _____  _____  _____
_____  _____  _____  _____
_____  _____  _____  _____
_____  _____  _____  _____

**2.** Rätsel

Sieh die Reihen waagrecht und senkrecht durch. Du findest sieben Wörter mit doppelten Mitlauten. Schreibe die Wörter in dein Heft.

```
G L A T T E I S H W G P
R B D Q B H I M M E L W
H V O C G E W I T T E R
Y T N L D F H Z K T J S
S O N N E N S C H E I N
M P E M C J D N F R G L
K N R E I F G L Ä T T E
```

Hinter einem kurz gesprochenen Selbstlaut folgt oft ein verdoppelter Mitlaut.

38

Kopiervorlage 11c: Lösungen zum Arbeitsblatt 11b

## Doppelte Mitlaute

**1.** Sortiere die Wörter.

der Donner, die Sonne, das Gewitter, das Unwetter, der Hammer, die Tasse, fallen, sammeln, schwimmen, die Blätter, die Treppe, bellen, essen, der Zettel, retten, die Stimme, beginnen, klettern, der Schlitten, das Schiff, gewinnen, der Sommer, bitten, die Suppe, die Wolle, rollen, hoffen, die Kartoffel, der Koffer, kommen, der Brunnen, brummen, der Sessel, kennen, der Stall

Namenwörter (Nomen):

| der Donner | die Sonne | das Gewitter | das Unwetter |
| der Hammer | die Tasse | die Blätter | die Treppe |
| der Zettel | die Stimme | der Schlitten | das Schiff |
| der Sommer | die Suppe | die Wolle | die Kartoffel |
| der Koffer | der Brunnen | der Sessel | der Stall |

Tunwörter (Verben):

| fallen | sammeln | schwimmen |
| bellen | essen | retten |
| beginnen | klettern | gewinnen |
| bitten | rollen | hoffen |
| kommen | brummen | kennen |

**2.** Rätsel

Sieh die Reihen waagrecht und senkrecht durch. Du findest sieben Wörter mit doppelten Mitlauten. Schreibe die Wörter in dein Heft.

```
G L A T T E I S  H  W  G P
R B D Q B H I M M E L W
H V O C G E W I T T E R
Y T N L D F H Z K T J S
S O N N E N S C H E I N
M P E M C J D N F R G L
K N R E I F G L Ä T T E
```

Hinter einem kurz gesprochenen Selbstlaut folgt oft ein verdoppelter Mitlaut.

Kopiervorlage 12a: Tafelbild/Folienbild Gegenwart und Vergangenheit

# Gegenwart und Vergangenheit

**Gegenwart** (heute)     **Vergangenheit** (z. B. gestern)
es regnet                 es regnete

**1.** Bilde die Vergangenheit.

er lacht _____        sie weint _____

ich frage – ich _____     ich rechne – ich _____

du fragst – du _____      du rechnest – du _____

er fragt – er _____       er rechnet – er _____

sie fragt – sie _____     sie rechnet – sie _____

es fragt – es _____       es rechnet – es _____

wir fragen – wir _____    wir rechnen – wir _____

ihr fragt – ihr _____     ihr rechnet – ihr _____

sie fragen – sie _____    sie rechnen – sie _____

Kopiervorlage 12b: Arbeitsblatt Gegenwart und Vergangenheit

## Gegenwart und Vergangenheit

**Gegenwart** (heute)  **Vergangenheit** (z. B. gestern)
es regnet  es regnete

1. Bilde die Vergangenheit.

   er lacht – er _____   sie weint – sie _____

   ich frage – ich _____   ich rechne – ich _____

   du fragst – du _____   du rechnest – du _____

   er fragt – er _____   er rechnet – er _____

   sie fragt – sie _____   sie rechnet – sie _____

   es fragt – es _____   es rechnet – es _____

   wir fragen – wir _____   wir rechnen – wir _____

   ihr fragt – ihr _____   ihr rechnet – ihr _____

   sie fragen – sie _____   sie rechnen – sie _____

2. Fahrrad fahren in der Schule

   Finde die Vergangenheitsform und schreibe den Text in deinem Heft richtig auf.

   „Mann, habe ich eine Angst", (sagen) Manuela. „Du hast doch alles geübt!",
   (meinen) Alexandra. Die Kinder der Klasse 4 (haben) nämlich ihre Fahrradprüfung.
   Zuerst (legen) ihnen der freundliche Polizist einen Fragebogen vor. Jede Frage
   (haben) drei Antworten. Nur eine davon (sein) richtig. Die (müssen) man ankreuzen.
   Zum Glück haben alle die Verkehrszeichen geübt. Dann (starten) der Polizist die
   praktische Prüfung. Jörn und Gülay (bremsen) nicht beim Stop-Schild. Der Polizist
   (sagen): „Das müsst ihr noch einmal besser machen!"

Kopiervorlage 12c: Lösungen zum Arbeitsblatt 12b

## Gegenwart und Vergangenheit

**Gegenwart** (heute)  **Vergangenheit** (z. B. gestern)
es regnet  es regnete

**1.** Bilde die Vergangenheit.

| | |
|---|---|
| er lacht – er **lachte** | sie weint – sie **weinte** |
| ich frage – ich **fragte** | ich rechne – ich **rechnete** |
| du fragst – du **fragtest** | du rechnest – du **rechnetest** |
| er fragt – er **fragte** | er rechnet – er **rechnete** |
| sie fragt – sie **fragte** | sie rechnet – sie **rechnete** |
| es fragt – es **fragte** | es rechnet – es **rechnete** |
| wir fragen – wir **fragten** | wir rechnen – wir **rechneten** |
| ihr fragt – ihr **fragtet** | ihr rechnet – ihr **rechnetet** |
| sie fragen – sie **fragten** | sie rechnen – sie **rechneten** |

**2.** Fahrrad fahren in der Schule

Finde die Vergangenheitsform und schreibe den Text in deinem Heft richtig auf.

„Mann, habe ich eine Angst", (sagen) Manuela. „Du hast doch alles geübt!", (meinen) Alexandra. Die Kinder der Klasse 4 (haben) nämlich ihre Fahrradprüfung. Zuerst (legen) ihnen der freundliche Polizist einen Fragebogen vor. Jede Frage (haben) drei Antworten. Nur eine davon (sein) richtig. Die (müssen) man ankreuzen. Zum Glück haben alle die Verkehrszeichen geübt. Dann (starten) der Polizist die praktische Prüfung. Jörn und Gülay (bremsen) nicht beim Stop-Schild. Der Polizist (sagen): „Das müsst ihr noch einmal besser machen!"

Fahrrad fahren in der Schule
„Mann, habe ich eine Angst", sagte Manuela. „Du hast doch alles geübt!", meinte Alexandra. Die Kinder der Klasse 3 hatten nämlich ihre Fahrradprüfung. Zuerst legte ihnen der freundliche Polizist einen Fragebogen vor. Jede Frage hatte drei Antworten. Nur eine davon war richtig. Die musste man ankreuzen. Zum Glück haben alle die Verkehrszeichen geübt. Dann startete der Polizist die praktische Prüfung. Jörn und Gülay bremsten nicht beim Stop-Schild. Der Polizist sagte: „Das müsst ihr noch einmal besser machen!"

## Unregelmäßige Vergangenheitsformen

| Gegenwart | Vergangenheit |
|---|---|
| ich schlafe | ich lief |
| ich laufe | ich sang |
| ich singe | ich schlief |
| ich liege | ich rannte |
| ich sehe | ich lag |
| ich renne | ich sah |

Verbinde Gegenwart und Vergangenheit.

### Reise nach Jerusalem

Die Lehrerin <u>bläst</u> auf der Flöte ein Lied. Die Kinder <u>laufen</u> um eine Stuhlreihe herum. Plötzlich <u>schweigt</u> die Flöte. Die Kinder <u>rennen</u> zu den Stühlen. Axel <u>findet</u> keinen Platz. Er <u>scheidet</u> aus.

Lies die Sätze. Die unterstrichenen Wörter sollen dabei in die Vergangenheitsform gesetzt werden.

Kopiervorlage 13b: Arbeitsblatt Unregelmäßige Vergangenheitsformen

## Unregelmäßige Vergangenheitsformen

**1.** Verbinde Gegenwart und Vergangenheit.

| **Gegenwart** | **Vergangenheit** |
|---|---|
| ich schlafe | ich lief |
| ich laufe | ich sang |
| ich singe | ich schlief |
| ich liege | ich rannte |
| ich renne | ich sah |
| ich sehe | ich lag |

**2.** Schreibe die Sätze ab.
Die unterstrichenen Wörter sollen dabei in die Vergangenheitsform gesetzt werden.

**Reise nach Jerusalem**

Die Lehrerin bläst auf der Flöte ein Lied. Die Kinder laufen um eine Stuhlreihe herum. Plötzlich schweigt die Flöte. Alle rennen zu den Stühlen. Axel findet keinen Platz. Er scheidet aus. Frau Bäcker nimmt einen Stuhl weg. Sie bläst wieder auf der Flöte. Die Kinder laufen erneut um die Stuhlreihen herum. Da hört Frau Bäcker wieder auf zu spielen. Alles setzen sich, nur Sinia steht da. Sie scheidet auch aus. Frau Bäcker nimmt wieder einen Stuhl weg. Ganz zuletzt steht nur noch ein Stuhl da. Judith setzt sich drauf. Sie gewinnt.

Die Lehrerin _____

Kopiervorlage 13c: Lösungen zum Arbeitsblatt 13b

## Unregelmäßige Vergangenheitsformen

1. Verbinde Gegenwart und Vergangenheit.

| Gegenwart | Vergangenheit |
|---|---|
| ich schlafe | ich lief |
| ich laufe | ich sang |
| ich singe | ich schlief |
| ich liege | ich rannte |
| ich renne | ich sah |
| ich sehe | ich lag |

2. Schreibe die Sätze ab.
   Die unterstrichenen Wörter sollen dabei in die Vergangenheitsform gesetzt werden.

**Reise nach Jerusalem**

Die Lehrerin bläst auf der Flöte ein Lied. Die Kinder laufen um eine Stuhlreihe herum. Plötzlich schweigt die Flöte. Alle rennen zu den Stühlen. Axel findet keinen Platz. Er scheidet aus. Frau Bäcker nimmt einen Stuhl weg. Sie bläst wieder auf der Flöte. Die Kinder laufen erneut um die Stuhlreihen herum. Da hört Frau Bäcker wieder auf zu spielen. Alles setzen sich, nur Sinia steht da. Sie scheidet auch aus. Frau Bäcker nimmt wieder einen Stuhl weg. Ganz zuletzt steht nur noch ein Stuhl da. Judith setzt sich drauf. Sie gewinnt.

Die Lehrerin blies auf der Flöte ein Lied. Die Kinder liefen um eine Stuhlreihe herum. Plötzlich schwieg die Flöte. Alle rannten zu den Stühlen. Axel fand keinen Platz. Er schied aus. Frau Bäcker nahm einen Stuhl weg. Sie blies wieder auf der Flöte. Die Kinder liefen erneut um die Stuhlreihen herum. Da hörte Frau Bäcker wieder auf zu spielen. Alles setzten sich, nur Sinia stand da. Sie schied auch aus. Frau Bäcker nahm wieder einen Stuhl weg. Ganz zuletzt stand nur noch ein Stuhl da. Judith setzte sich drauf. Sie gewann.

Kopiervorlage 14a: Tafelbild/Folienbild Nach dem großen Regen

# Nach dem großen Regen

Erzähle die Geschichte.

Kopiervorlage 14b: Arbeitsblatt Nach dem großen Regen

# Nach dem großen Regen

Schreibe die Geschichte auf.

_____

_____

_____

_____

_____

_____

_____

_____

_____

_____

Kopiervorlage 14c: Lösungen zum Arbeitsblatt 14b

## Nach dem großen Regen

Schreibe die Geschichte auf.

*Individuelle Lösung.*

Kopiervorlage 15a: Tafelbild/Folienbild Zauberei

## Zauberei

Ko__ (rn, rk, rb) _____

Wi__ (nd, rt, ld) _____

Ke__ (rn, rl, lch) _____

Wa__ (nd, ld) _____

Ha__ (ls, lm) _____

Schi__ (ld, rm) _____

Wo__ (rt, lf) _____

He__ (md, rz) _____

Ba__ (rt, nd) _____

Sa__ (ft, lz) _____

Ordne die Wörter jeder Reihe nach dem Abc und schreibe sie mit dem Begleiter auf.

Kopiervorlage 15b: Arbeitsblatt Zauberei

## Zauberei

1. Ordne die Wörter jeder Reihe nach dem Abc und schreibe sie mit dem Begleiter auf.

   Ko__ (rn, rk, rb) _____

   Wi__ (nd, rt, ld) _____

   Ke__ (rn, rl, lch) _____

   Wa__ (nd, ld) _____

   Ha__ (ls, lm) _____

   Schi__ (ld, rm) _____

   Wo__ (rt, lf) _____

   He__ (md, rz) _____

   Ba__ (rt, nd) _____

   Sa__ (ft, lz) _____

   We__ (lt, rk) _____

   Fe__ (ld, ls) _____

   Du__ (ft, rst) _____

   Hi__ (rn, rsch) _____

   Ka__ (lb, lk) _____

2. Bilde Wörter und trage sie nach dem Abc geordnet ein.

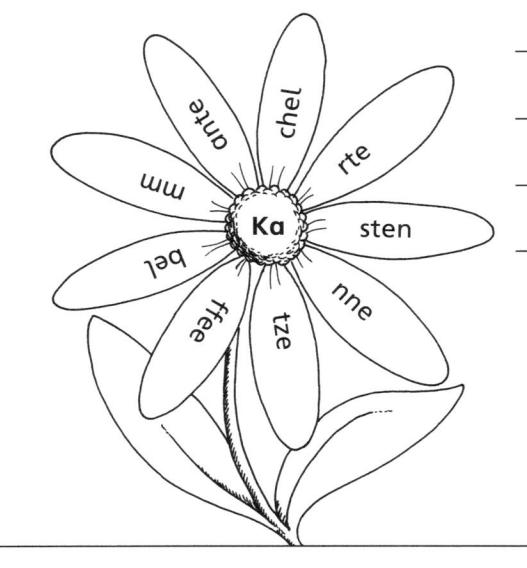

   Blütenblätter um **Ka**: ante, chel, rte, sten, nne, tze, ffee, bel, mm

Kopiervorlage 15c: Lösungen zum Arbeitsblatt 15b

**Zauberei**

1. Ordne die Wörter jeder Reihe nach dem Abc und schreibe sie mit dem Begleiter auf.

   Ko__ (rn, rk, rb)   der Korb, der Kork, das Korn

   Wi__ (nd, rt, ld)   das Wild, der Wind, der Wirt

   Ke__ (rn, rl, lch)  der Kelch, der Kerl, der Kern

   Wa__ (nd, ld)       der Wald, die Wand

   Ha__ (ls, lm)       der Hahn, der Hals

   Schi__ (ld, rm)     das Schild, der Schirm

   Wo__ (rt, lf)       der Wolf, das Wort

   He__ (md, rz)       das Hemd, das Herz

   Ba__ (rt, nd)       das Band, der Bart

   Sa__ (ft, lz)       der Saft, das Salz

   We__ (lt, rk)       die Welt, das Werk

   Fe__ (ld, ls)       das Feld, der Fels

   Du__ (ft, rst)      der Duft, der Durst

   Hi__ (rn, rsch)     das Hirn, der Hirsch

   Ka__ (lb, lk)       das Kalb, der Kalk

2. Bilde Wörter und trage sie nach dem Abc geordnet ein.

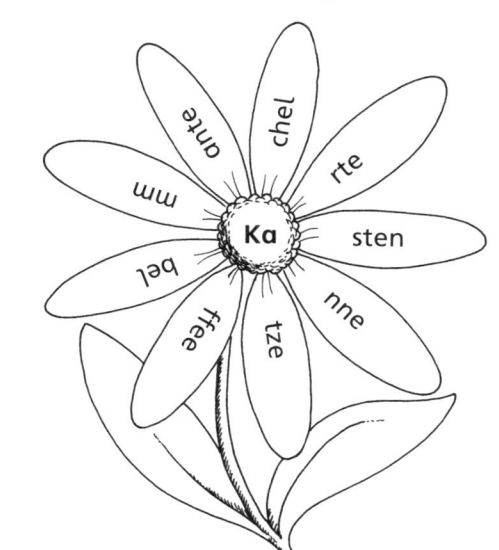

   Kabel, Kachel, Kaffee, Kamm, Kanne, Karte, Kasten, Katze, Kante

Kopiervorlage 16a: Tafelbild/Folienbild Die Hirschauer kaufen einen Regen

## Die Hirschauer kaufen einen Regen

Das Dorf Hirschau liegt bei Schilda, wo es sehr kluge Leute gibt. Wochenlang schon brennt die Sonne vom Himmel. Die Hirschauer denken: „Wenn es nicht bald regnet, können wir auf den Feldern und in den Gärten nichts ernten."
Sie schicken einen Mann mit hundert Gulden nach der Stadt Schilda. Er soll in der Apotheke einen Regen kaufen. Der Apotheker hört das, fängt eine Fliege, nimmt eine kleine Schachtel und sperrt sie hinein. „Du darfst den Regen erst daheim herauslassen", sagt der Apotheker. Den Mann plagt die Neugierde, er öffnet die Schachtel und surr – schwirrt die Fliege fort.
Zu Hause erzählt er: „Ich habe den Regen schon unterwegs herausgelassen."
Zufällig gibt es am nächsten Tag ein starkes Gewitter mit Hagel. Die Hirschauer besehen den Schaden und meinen: „Es ist doch viel gewesen: Regen für hundert Gulden. Nächstes Mal kaufen wir für nur fünfzig Gulden Regen."

(nach Rudolf Kubitschek, in: E. Rothemund [Hrsg.]: Das goldene Geschichtenbuch, Ensslin & Laiblin, Reutlingen 1957)

Forme die Geschichte um, setze aber bei den unterstrichenen Wörtern die Vergangenheitsform ein.

Kopiervorlage 16b: Arbeitsblatt Die Hirschauer kaufen einen Regen

## Die Hirschauer kaufen einen Regen

**1.** Schreibe die Geschichte in dein Heft, setze aber bei den unterstrichenen Wörtern die Vergangenheitsform ein.

Das Dorf Hirschau liegt bei Schilda, wo es sehr kluge Leute gibt. Wochenlang schon brennt die Sonne vom Himmel. Die Hirschauer denken: „Wenn es nicht bald regnet, können wir auf den Feldern und in den Gärten nichts ernten." Sie schicken einen Mann mit hundert Gulden nach der Stadt Schilda. Er soll in der Apotheke einen Regen kaufen. Der Apotheker hört das, fängt eine Fliege, nimmt eine kleine Schachtel und sperrt sie hinein. „Du darfst den Regen erst daheim herauslassen", sagt der Apotheker. Den Mann plagt die Neugierde, er öffnet die Schachtel und surr – schwirrt die Fliege fort.

Zu Hause erzählt er: „Ich habe den Regen schon unterwegs herausgelassen." Zufällig gibt es am nächsten Tag ein starkes Gewitter mit Hagel. Die Hirschauer besehen den Schaden und meinen: „Es ist doch viel gewesen: Regen für hundert Gulden. Nächstes Mal kaufen wir für nur fünfzig Gulden Regen."

(nach Rudolf Kubitschek)

53

Kopiervorlage 16c: Lösungen zum Arbeitsblatt 16b

**Die Hirschauer kaufen einen Regen**

1. Schreibe die Geschichte in dein Heft, setze aber bei den unterstrichenen Wörtern die Vergangenheitsform ein.

   Das Dorf Hirschau liegt bei Schilda, wo es sehr kluge Leute gibt. Wochenlang schon brennt die Sonne vom Himmel. Die Hirschauer denken: „Wenn es nicht bald regnet, können wir auf den Feldern und in den Gärten nichts ernten." Sie schicken einen Mann mit hundert Gulden nach der Stadt Schilda. Er soll in der Apotheke einen Regen kaufen. Der Apotheker hört das, fängt eine Fliege, nimmt eine kleine Schachtel und sperrt sie hinein. „Du darfst den Regen erst daheim herauslassen", sagt der Apotheker. Den Mann plagt die Neugierde, er öffnet die Schachtel und surr – schwirrt die Fliege fort.
   Zu Hause erzählt er: „Ich habe den Regen schon unterwegs herausgelassen." Zufällig gibt es am nächsten Tag ein starkes Gewitter mit Hagel. Die Hirschauer besehen den Schaden und meinen: „Es ist doch viel gewesen: Regen für hundert Gulden. Nächstes Mal kaufen wir für nur fünfzig Gulden Regen."

   (nach Rudolf Kubitschek)

Die Hirschauer kauften einen Regen
Das Dorf Hirschau lag bei Schilda, wo es sehr kluge Leute gab. Wochenlang schon brannte die Sonne vom Himmel. Die Hirschauer dachten: „Wenn es nicht bald regnet, können wir auf den Feldern und in den Gärten nichts ernten." Sie schickten einen Mann mit hundert Gulden nach der Stadt Schilda. Er sollte in der Apotheke einen Regen kaufen. Der Apotheker hörte das, fing eine Fliege, nahm eine kleine Schachtel und sperrte sie hinein. „Du darfst den Regen erst daheim herauslassen", sagte der Apotheker. Den Mann plagte die Neugierde, er öffnete die Schachtel und surr – schwirrte die Fliege fort.
Zu Hause erzählte er: „Ich habe den Regen schon unterwegs herausgelassen."
Zufällig gab es am nächsten Tag ein starkes Gewitter mit Hagel. Die Hirschauer besahen den Schaden und meinten: „Es ist doch viel gewesen: Regen für hundert Gulden. Nächstes Mal kaufen wir für nur fünfzig Gulden Regen."

Kopiervorlage 17a: Tafelbild/Folienbild Paulchens Dank

# Paulchens Dank

Paulchen steht vor einer Haustür und blickt betrübt vor sich hin. Kann mir denn keiner helfen?, fragt er sich.
Ein älterer Herr kommt vorbei und fragt:
Nun, mein Kleiner, warum schaust du denn so traurig drein?
Ich reiche nicht zur Klingel hinauf. Da will ich dir gerne helfen, sagt der freundliche Herr und hebt Paulchen hoch.
Sie sind aber nett, sagt der Kleine. Paulchen drückt auf den Klingelknopf. Danke!, sagt er.
Aber jetzt müssen wir beide rennen, damit sie uns nicht erwischen.

Finde die wörtliche Rede heraus und setze die Anführungszeichen.

Kopiervorlage 17b: Arbeitsblatt Paulchens Dank

## Paulchens Dank

1. Schreibe die Geschichte ab, finde die wörtliche Rede heraus und setze die Anführungszeichen.

Paulchen steht vor einer Haustür und blickt betrübt vor sich hin. Kann mir denn keiner helfen?, fragt er sich. Ein älterer Herr kommt vorbei und fragt: Nun, mein Kleiner, warum schaust du denn so traurig drein? Ich reiche nicht zur Klingel hinauf. Da will ich dir gerne helfen, sagt der freundliche Herr und hebt Paulchen hoch.
Sie sind aber nett, sagt der Kleine. Paulchen drückt auf den Klingelknopf. Danke!, sagt er. Aber jetzt müssen wir beide rennen, damit sie uns nicht erwischen.

_____
_____
_____
_____
_____
_____
_____
_____
_____

Kopiervorlage 17c: Lösungen zum Arbeitsblatt 17b

## Paulchens Dank

1. Schreibe die Geschichte ab, finde die wörtliche Rede heraus und setze die Anführungszeichen.

Paulchen steht vor einer Haustür und blickt betrübt vor sich hin. Kann mir denn keiner helfen?, fragt er sich. Ein älterer Herr kommt vorbei und fragt: Nun, mein Kleiner, warum schaust du denn so traurig drein? Ich reiche nicht zur Klingel hinauf. Da will ich dir gerne helfen, sagt der freundliche Herr und hebt Paulchen hoch.
Sie sind aber nett, sagt der Kleine. Paulchen drückt auf den Klingelknopf. Danke!, sagt er. Aber jetzt müssen wir beide rennen, damit sie uns nicht erwischen.

---

Paulchens Dank

Paulchen steht vor einer Haustür und blickt betrübt vor sich hin. „Kann mir denn keiner helfen?", fragt er sich. Ein älterer Herr kommt vorbei und fragt: „Nun, mein Kleiner, warum schaust du denn so traurig drein?" „Ich reiche nicht zur Klingel hinauf." „Da will ich dir gerne helfen", sagt der freundliche Herr und hebt Paulchen hoch.
„Sie sind aber nett", sagt der Kleine. Paulchen drückt auf den Klingelknopf. „Danke!", sagt er.
„Aber jetzt müssen wir beide rennen, damit sie uns nicht erwischen."

## Im Museum

Eva und Marion finden im Museum eine kleine Tür, die auf den Dachboden des Museums führt. In einem Winkel entdecken sie eine merkwürdige alte Flasche. Marion zieht den Korken heraus. Da quillt grauer Nebel aus der Flasche. Eine weiße Gestalt bildet sich. Marion und Eva erschrecken furchtbar. Die weiße Gestalt ruft: „..."

Denk dir aus, was die weiße Gestalt ruft und schreibe dann die Geschichte zu Ende.

Kopiervorlage 18b: Arbeitsblatt Im Museum

## Im Museum

**1.** Denk dir aus, was die weiße Gestalt ruft und schreibe dann die Geschichte zu Ende.

Eva und Marion finden im Museum eine kleine Tür, die auf den Dachboden des Museums führt. In einem Winkel entdecken sie eine merkwürdige alte Flasche. Marion zieht den Korken heraus. Da quillt grauer Nebel aus der Flasche. Eine weiße Gestalt bildet sich. Marion und Eva erschrecken furchtbar. Die weiße Gestalt ruft: „…"

Kopiervorlage 18c: Lösungen zum Arbeitsblatt 18b

## Im Museum

1. Denk dir aus, was die weiße Gestalt ruft und schreibe dann die Geschichte zu Ende.

Eva und Marion finden im Museum eine kleine Tür, die auf den Dachboden des Museums führt. In einem Winkel entdecken sie eine merkwürdige alte Flasche. Marion zieht den Korken heraus. Da quillt grauer Nebel aus der Flasche. Eine weiße Gestalt bildet sich. Marion und Eva erschrecken furchtbar. Die weiße Gestalt ruft: „…"

*Individuelle Lösung.*

Kopiervorlage 19a: Tafelbild/Folienbild Wir finden die Oberbegriffe

## Wir finden die Oberbegriffe

Rhein, Elbe, Oder, Weser, Donau: _____

Nelke, Veilchen, Anemone, Dahlie: _____

Kaffe, Tee, Kakao, Limonade: _____

Schaf, Schwein, Kuh, Huhn: _____

Apfel, Kirsche, Birne, Apfelsine: _____

Gurke, Bohne, Möhre, Weißkohl: _____

Eiche, Birke, Tanne, Buche: _____

Frankfurt, Stuttgart, Berlin, Leipzig: _____

Italiener, Dänen, Franzosen, Polen: _____

Finde die richtigen Oberbegriffe:

**Haustiere – Blumen – Getränke – Europäer – Flüsse – Bäume – Obst – Städte – Gemüse**

Kopiervorlage 19b: Arbeitsblatt Wir finden die Oberbegriffe

## Wir finden die Oberbegriffe

1. Finde die richtigen Oberbegriffe:

    **Haustiere – Blumen – Getränke – Europäer – Flüsse – Bäume – Obst – Städte – Gemüse**

    Rhein, Elbe, Oder, Weser, Donau: _____

    Nelke, Veilchen, Anemone, Dahlie: _____

    Kaffe, Tee, Kakao, Limonade: _____

    Schaf, Schwein, Kuh, Huhn: _____

    Apfel, Kirsche, Birne, Apfelsine: _____

    Gurke, Bohne, Möhre, Weißkohl: _____

    Eiche, Birke, Tanne, Buche: _____

    Frankfurt, Stuttgart, Berlin, Leipzig: _____

    Italiener, Dänen, Franzosen, Polen: _____

2. **Rätsel**

    Finde heraus, welcher Begriff in jeder Reihe nicht passt. Streiche ihn durch.

    Venus, Mars, Erde, Merkur, Jupiter, Nordsee

    Apfelsine, Banane, Kirsche, Kartoffel, Birne

    Stuhl, Hocker, Auto, Sessel, Couch

    Fahrrad, Segelboot, Dampfer, Kahn, Motorboot

    Hütte, Schwimmbad, Wohnhaus, Wolkenkratzer, Hotel

    Hecht, Ente, Forelle, Hering, Karpfen

    Meise, Adler, Storch, Känguru, Amsel

    Esel, Hase, Eidechse, Maus, Fuchs

    Apfelbaum, Kirschbaum, Nussbaum, Pflaumenbaum

    Teppich, Jacke, Hose, Hemd, Strumpf, Pullover

Kopiervorlage 19c: Lösungen zum Arbeitsblatt 19b

## Wir finden die Oberbegriffe

1. Finde die richtigen Oberbegriffe:

   **Haustiere – Blumen – Getränke – Europäer – Flüsse – Bäume – Obst – Städte – Gemüse**

   Rhein, Elbe, Oder, Weser, Donau: _Flüsse_

   Nelke, Veilchen, Anemone, Dahlie: _Blumen_

   Kaffe, Tee, Kakao, Limonade: _Getränke_

   Schaf, Schwein, Kuh, Huhn: _Haustiere_

   Apfel, Kirsche, Birne, Apfelsine: _Obst_

   Gurke, Bohne, Möhre, Weißkohl: _Gemüse_

   Eiche, Birke, Tanne, Buche: _Bäume_

   Frankfurt, Stuttgart, Berlin, Leipzig: _Städte_

   Italiener, Dänen, Franzosen, Polen: _Europäer_

2. **Rätsel**

   Finde heraus, welcher Begriff in jeder Reihe nicht passt. Streiche ihn durch.

   Venus, Mars, Erde, Merkur, Jupiter, ~~Nordsee~~

   Apfelsine, Banane, Kirsche, ~~Kartoffel~~, Birne

   Stuhl, Hocker, ~~Auto~~, Sessel, Couch

   ~~Fahrrad~~, Segelboot, Dampfer, Kahn, Motorboot

   Hütte, ~~Schwimmbad~~, Wohnhaus, Wolkenkratzer, Hotel

   Hecht, ~~Ente~~, Forelle, Hering, Karpfen

   Meise, Adler, Storch, ~~Känguru~~, Amsel

   Esel, Hase, ~~Eidechse~~, Maus, Fuchs

   Apfelbaum, Kirschbaum, ~~Nussbaum~~, Pflaumenbaum

   ~~Teppich~~, Jacke, Hose, Hemd, Strumpf, Pullover

Kopiervorlage 20a: Tafelbild/Folienbild Trennung von Wörtern

## Trennung von Wörtern

der Regenwurm:  der Re – gen – wurm

das Regenwetter: _____

die Gewitterwolke: _____

der Blitzschlag: _____

der Sonnenschein: _____

die Nebelnässe: _____

der Herbststurm: _____

die Trockenzeit: _____

der Hagelschlag: _____

der Schneefall: _____

das Glatteis: _____

Trenne die Wörter. Klatsche sie zuerst.

Kopiervorlage 20b: Arbeitsblatt Trennung von Wörtern

## Trennung von Wörtern

**1.** Trenne die Wörter. Klatsche sie zuerst.

der Regenwurm:  der Re – gen – wurm

das Regenwetter: _____

die Gewitterwolke: _____

der Blitzschlag: _____

der Sonnenschein: _____

die Nebelnässe: _____

der Herbststurm: _____

die Trockenzeit: _____

der Hagelschlag: _____

der Schneefall: _____

das Glatteis: _____

der Regenschauer: _____

der Regenschirm: _____

der Regenbogen: _____

die Regenjacke: _____

die Eisenbahnbrücke: _____

die Mitschülerinnen: _____

das Straßennamenschild: _____

die Freizeitangebote: _____

die Führerscheinprüfung: _____

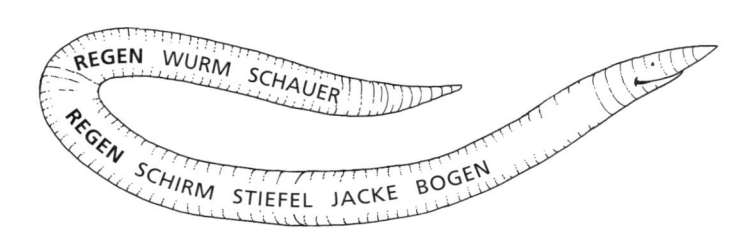

Kopiervorlage 20c: Lösungen zum Arbeitsblatt 20b

## Trennung von Wörtern

**1.** Trenne die Wörter. Klatsche sie zuerst.

der Regenwurm: der Re – gen – wurm

das Regenwetter: das Re – gen – wet – ter

die Gewitterwolke: die Ge – wit – ter – wol – ke

der Blitzschlag: der Blitz – schlag

der Sonnenschein: der Son – nen – schein

die Nebelnässe: die Ne – bel – näs – se

der Herbststurm: der Herst – sturm

die Trockenzeit: die Tro – cken – zeit

der Hagelschlag: der Ha – gel – schlag

der Schneefall: der Schnee – fall

das Glatteis: das Glatt – eis

der Regenschauer: der Re – gen – schau – er

der Regenschirm: der Re – gen – schirm

der Regenbogen: der Re – gen – bo – gen

die Regenjacke: die Re – gen – ja – cke

die Eisenbahnbrücke: die Ei – sen – bahn – brü – cke

die Mitschülerinnen: die Mit – schü – le – rin – nen

das Straßennamenschild: das Stra – ßen – na – men – schild

die Freizeitangebote: die Frei – zeit – an – ge – bo – te

die Führerscheinprüfung: die Füh – rer – schein – prü – fung

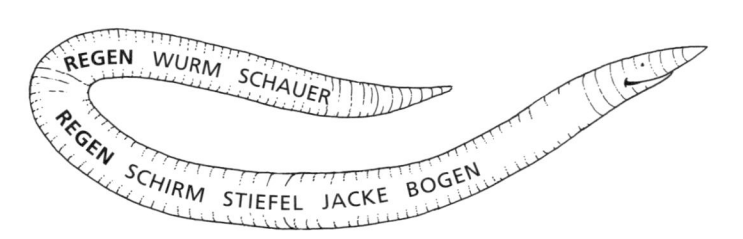

Kopiervorlage 21a: Tafelbild/Folienbild Grundstufe/Steigerungsstufe/Höchststufe

# Grundstufe/Steigerungsstufe/Höchststufe

Der Hase ist **klein**.
**Grundstufe**

Der Igel ist **kleiner**.
**Steigerungsstufe**

Die Maus ist am **kleinsten**.
**Höchststufe**

Für die **Steigerungsstufe** wird der Wortbaustein er angehängt, für die **Höchststufe** sten oder ste.

| Grundstufe | Steigerungsstufe | Höchststufe |
|---|---|---|
| schnell | | |
| | | am schlimmsten |
| | größer | |
| | | am schönsten |
| | länger | |
| scharf | | |
| | jünger | |

Fülle die Lücken aus.

Kopiervorlage 21b: Arbeitsblatt Grundstufe/Steigerungsstufe/Höchststufe

## Grundstufe/Steigerungsstufe/Höchststufe

Der Hase ist **klein**.
Grundstufe

Der Igel ist **kleiner**.
Steigerungsstufe

Die Maus ist am **kleinsten**.
Höchststufe

Für die **Steigerungsstufe** wird der Wortbaustein [er] angehängt, für die **Höchststufe** [sten] oder [ste].

**1.** Fülle die Lücken aus.

| Grundstufe | Steigerungsstufe | Höchststufe |
|---|---|---|
| schnell | | |
| | | am schlimmsten |
| | größer | |
| | | am schönsten |
| | länger | |
| scharf | | |
| kurz | | |
| | heller | |
| | schlechter | |
| | | am langsamsten |
| | | am höchsten |
| | lustiger | |
| frech | | |
| | klüger | |
| gemütlich | | |
| | | am freundlichsten |

68

Kopiervorlage 21c: Lösungen zum Arbeitsblatt 21b

## Grundstufe/Steigerungsstufe/Höchststufe

Der Hase ist **klein**.
Grundstufe

Der Igel ist **kleiner**.
Steigerungsstufe

Die Maus ist am **kleinsten**.
Höchststufe

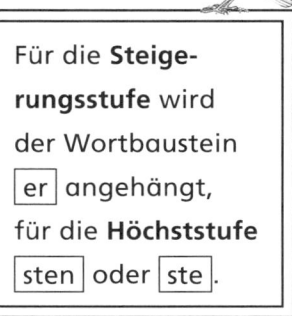

Für die **Steigerungsstufe** wird der Wortbaustein er angehängt, für die **Höchststufe** sten oder ste.

**1.** Fülle die Lücken aus.

| Grundstufe | Steigerungsstufe | Höchststufe |
|---|---|---|
| schnell | schneller | am schnellsten |
| schlimm | schlimmer | am schlimmsten |
| groß | größer | am größten |
| schön | schöner | am schönsten |
| lang | länger | am längsten |
| scharf | schärfer | am schärfsten |
| kurz | kürzer | am kürzesten |
| hell | heller | am hellsten |
| schlecht | schlechter | am schlechtesten |
| langsam | langsamer | am langsamsten |
| hoch | höher | am höchsten |
| lustig | lustiger | am lustigsten |
| frech | frecher | am frechsten |
| klug | klüger | am klügsten |
| gemütlich | gemütlicher | am gemütlichsten |
| freundlich | freundlicher | am freundlichsten |

# Baron Münchhausen erzählt eine Lügengeschichte

**Winterreise in Russland**

starker Schneefall, kein Dorf,
Abend, müde, eiserner Pfosten,
anbinden, erwachen am Morgen,
Kirchturmspitze, Tauwetter

Erzähle die Geschichte.

Kopiervorlage 22b: Arbeitsblatt Baron Münchhausen erzählt eine Lügengeschichte

# Baron Münchhausen erzählt eine Lügengeschichte

1. Schreibe die Geschichte auf.
   Die Wörter helfen dir:

   **Winterreise in Russland**
   starker Schneefall, kein Dorf,
   Abend, müde, eiserner Pfosten,
   anbinden, erwachen am Morgen,
   Kirchturmspitze, Tauwetter

Kopiervorlage 22c: Lösungen zum Arbeitsblatt 22b

## Baron Münchhausen erzählt eine Lügengeschichte

1. Schreibe die Geschichte auf.
   Die Wörter helfen dir:

   **Winterreise in Russland**
   starker Schneefall, kein Dorf,
   Abend, müde, eiserner Pfosten,
   anbinden, erwachen am Morgen,
   Kirchturmspitze, Tauwetter

   *Individuelle Lösung.*

## Die verschwundene Fahrkarte

Beimfrüstückinderschulebreitetdamianalleseinfachvorsichaus.
Daliegenmäppchenhefteschulbücherbusfahrkarteunddiebrot
tütemitfdemschulbrotbuntdurcheinanderaufdemtisch.
Nachderpauseräumterschnelldentischab.
Nachdemschulschlussanderbushaltestellevermissterseinebus-
fahrkarte.
Ohnefahrkartedarfernichtindenbuseinsteigen.
Erkanndannnichtheimfahren.
Ersuchtinallentaschen. Abererkanndiekartenichtentdecken.
Obersieinsmäppchengelegthat?
Erschaunachaberdortistsieauchnicht.
Zuletztfidnetersieinderbrottüte.

Lies den Text.

Kopiervorlage 23b: Arbeitsblatt Die verschwundene Fahrkarte

## Die verschwundene Fahrkarte

1. Bringe den Text in Ordnung.

   Beimfrüstückinderschulebreitetdamianalleseinfachvorsichaus.
   Daliegenmäppchenhefteschulbücherbusfahrkarteunddiebrottütemitdemschulbrot buntdurcheinanderaufdemtisch.
   Nachderpauseräumterschnelldentischab.
   Nachdemschulschlussanderbushaltestellevermissterseinebusfahrkarte.
   Ohnefahrkartedarfernichtindenbuseinsteigen.
   Erkanndannnichtheimfahren.
   Ersuchtinallentaschen. Abererkanndiekartenichtentdecken.
   Obersieinsmäppchengelegthat?
   Erschaunachaberdortistsieauchnicht.
   Zuletztfidnetersieinderbrottüte.

Kopiervorlage 23c: Lösungen zum Arbeitsblatt 23b

**Die verschwundene Fahrkarte**

1. Bringe den Text in Ordnung.
   Beimfrüstückinderschulebreitetdamianalleseinfachvorsichaus.
   Daliegenmäppchenhefteschulbücherbusfahrkarteunddiebrottütemitfdemschulbrot
   buntdurcheinanderaufdemtisch.
   Nachderpauseräumterschnelldentischab.
   Nachdemschulschlussanderbushaltestellevermisstseinebusfahrkarte.
   Ohnefahrkartedarfernichtindenbuseinsteigen.
   Erkanndannnichtheimfahren.
   Ersuchtinallentaschen. Abererkanndiekartenichtentdecken.
   Obersieinsmäppchengelegthat?
   Erschaunachaberdortistsieauchnicht.
   Zuletztfidnetersieinderbrottüte.

Die verschwundene Fahrkarte

Beim Frühstück in der Schule breitet Damian alles einfach vor sich aus. Da liegen Mäppchen, Hefte, Schulbücher, Busfahrkarte und die Brottüte mit dem Schulbrot bunt durcheinander auf dem Tisch. Nach der Pause räumt er schnell den Tisch ab. Nach dem Schulschluss an der Bushaltestelle vermisst er seine Busfahrkarte. Ohne Fahrkarte darf er nicht in den Bus einsteigen. Er kann dann nicht heimfahren. Er sucht in allen Taschen. Aber er kann die Karte nicht entdecken. Ob er sie ins Mäppchen gelegt hat? Er schaut nach, aber dort ist sie auch nicht. Zuletzt findet er sie in der Brottüte.

Kopiervorlage 24a: Tafelbild/Folienbild Wortfamilie fahren

## Wortfamilie fahren

an   um   aus   über   ver

fahren

ab   hoch   herunter   herüber

fahren

Bilde zu jedem Wort einen Satz.

Kopiervorlage 24b: Arbeitsblatt Wortfamilie fahren

## Wortfamilie fahren

**1.** Bilde zu jedem Wort einen Satz und schreibe ihn auf.

an   um   aus   über   ver

fahren

ab   hoch   herunter   herüber

fahren

Kopiervorlage 24c: Lösungen zum Arbeitsblatt 24b

**Wortfamilie fahren**

1. Bilde zu jedem Wort einen Satz und schreibe ihn auf.

an, um, aus, über, ver

ab, hoch, herunter, herüber

fahren

fahren

Individuelle Lösung:

anfahren

umfahren

ausfahren

überfahren

verfahren

abfahren

hochfahren

herunterfahren

herüberfahren

## Daniels Traum

Einmal träumte ich einen seltsamen Traum. Ich war mit meinem Fahrra__ unterwegs. Ich fuhr einen Ber__ hinauf. Da überholte mich plötzlich eine Schil__kröte. Sie sagte zu mir: „Nimm mich auf dein Ra__ und bringe mich zum Stadtpar__. Deine Arbei__ will ich dir mit Gol__ belohnen." Aber ich wollte nicht. Da rief die Schil__kröte: „Dann fliege über den Ber__!" Plötzlich hob sich mein Ra__ in die Luf__. Ich hatte Angs__. Ich sprang vom Ra__ herunter. Als ich aufwachte, lag ich vor meinem Bett.

Setze g oder k, d oder t ein.

Rad?

Rad – Räder

Da muss man das Wort verlängern, dann kann man deutlich hören, ob ein **d** oder **t** dorthin gehört.

Jetzt hörst du deutlich ein **d**.

Kopiervorlage 25b: Arbeitsblatt Daniels Traum

## Daniels Traum

Einmal träumte ich einen seltsamen Traum. Ich war mit meinem Fahrra__ unterwegs. Ich fuhr einen Ber__ hinauf. Da überholte mich plötzlich eine Schil__kröte. Sie sagte zu mir: „Nimm mich auf dein Ra__ und bringe mich zum Stadtpar__. Deine Arbei__ will ich dir mit Gol__ belohnen." Aber ich wollte nicht. Da rief die Schil__kröte: „Dann fliege über den Ber__!" Plötzlich hob sich mein Ra__ in die Luf__. Ich hatte Angs__. Ich sprang vom Ra__ herunter. Als ich aufwachte, lag ich vor meinem Bett.

*Flieg!*

**1.** Schreibe Daniels Traum ab und setze g oder k, d oder t ein.

Kopiervorlage 25c: Lösungen zum Arbeitsblatt 25b

## Daniels Traum

Einmal träumte ich einen seltsamen Traum. Ich war mit meinem Fahrra__ unterwegs. Ich fuhr einen Ber__ hinauf. Da überholte mich plötzlich eine Schil__kröte. Sie sagte zu mir: „Nimm mich auf dein Ra__ und bringe mich zum Stadtpar__. Deine Arbei__ will ich dir mit Gol__ belohnen." Aber ich wollte nicht. Da rief die Schil__kröte: „Dann fliege über den Ber__!" Plötzlich hob sich mein Ra__ in die Luf__. Ich hatte Angs__. Ich sprang vom Ra__ herunter. Als ich aufwachte, lag ich vor meinem Bett.

*Flieg!*

**1.** Schreibe Daniels Traum ab und setze g oder k, d oder t ein.

*Daniels Traum*

*Einmal träumte ich einen seltsamen Traum. Ich war mit meinem Fahrrad unterwegs. Ich fuhr einen Berg hinauf. Da überholte mich plötzlich eine Schildkröte. Sie sagte zu mir: „Nimm mich auf dein Rad und bringe mich zum Stadtpark. Deine Arbeit will ich dir mit Gold belohnen." Aber ich wollte nicht. Da rief die Schildkröte: „Dann fliege über den Berg!" Plötzlich hob sich mein Rad in die Luft. Ich hatte Angst. Ich sprang vom Rad herunter. Als ich aufwachte, lag ich vor meinem Bett.*

## Das V

Du hörst beim Sprechen **f** oder **w**. Beim Schreiben hilft dir darum das genaue Hinhören nicht, es hilft nur das Merken.

die Villa, das Ventil, die Veranda,
der Vogel, das Volk, die Vesper,
das Veilchen, die Vase, das Vieh,
der Vater, der Vers, die Vanille,
die Veronika, das Video,
der Vollmond, die Violine,
der Vagabund

**Hier höre ich ein f:**

_____

_____

_____

**Hier höre ich ein w:**

_____

_____

_____

_____

Kopiervorlage 26b: Arbeitsblatt Das V

## Das V

Du hörst beim Sprechen **f** oder **w**. Beim Schreiben hilft dir darum das genaue Hinhören nicht, es hilft nur das Merken.

1. die Villa, das Ventil, die Veranda, der Vogel, das Volk, die Vesper, das Veilchen, die Vase, das Vieh, der Vater, der Vers, die Vanille, die Veronika, das Video, der Vollmond, die Violine, der Vagabund

Hier höre ich ein f:　　　　　　　　　　　　　　　Hier höre ich ein w:

2. Suche dir Wörter aus und bilde damit Sätze.

Kopiervorlage 26c: Lösungen zum Arbeitsblatt 26b

**Das V**

Du hörst beim Sprechen **f** oder **w**. Beim Schreiben hilft dir darum das genaue Hinhören nicht, es hilft nur das Merken.

1. die Villa, das Ventil, die Veranda, der Vogel, das Volk, die Vesper, das Veilchen, die Vase, das Vieh, der Vater, der Vers, die Vanille, die Veronika, das Video, der Vollmond, die Violine, der Vagabund

Hier höre ich ein f:

der Vogel
das Volk
die Vesper
das Veilchen
das Vieh
der Vater
der Vers
der Vollmond

Hier höre ich ein w:

die Villa
das Ventil
die Veranda
die Vase
die Vanille
die Veronika
das Video
die Violine
der Vagabund

2. Suche dir Wörter aus und bilde damit Sätze.

Individuelle Lösung.

Kopiervorlage 27a: Tafelbild/Folienbild ck, tz, oder k, z?

## ck, tz, oder k, z?

Fleißige Leute si___en auf

der Ban___ hinter den He___en

und stri___en Mü___en.

Plö___lich drü___t jemand auf

die Türklin___e.

> Nach l, n, r, das merke ja,
> steht nie **tz** und nie **ck**!
>
> die Hacke, aber die Harke
> der Satz, aber das Salz
> lecken, aber lenken

Über der Tür hängt ein di___er Kran___ aus getro___neten

Pflan___en.

Mitten auf dem Pla___ stür___te Fran___ mit dem Rad,

weil ein Stü___ Hol___ auf der Fahrbahn lag.


Finde heraus, wie die Sätze heißen müssen.

Kopiervorlage 27b: Arbeitsblatt ck, tz, oder k, z?

## ck, tz, oder k, z?

1. Finde heraus, wie die Sätze heißen müssen und schreibe sie auf.

   Fleißige Leute si__en auf der Ban__ hinter den He__en und stri__en Mü__en. Plö__lich drü__t jemand auf die Türklin__e. Über der Tür hängt ein di__er Kran__ aus getro__neten Pflan__en. Mitten auf dem Pla__ stür__te Fran__ mit dem Rad, weil ein Stü__ Hol__ auf der Fahrbahn lag.

   > Nach l, n, r, das merke ja, steht nie **tz** und nie **ck**!
   >
   > die Hacke, aber die Harke
   > der Satz, aber das Salz
   > lecken, aber lenken

   _____
   _____
   _____
   _____
   _____
   _____

2. Schaue die Reihen waagerecht oder senkrecht durch. Es sind dort 19 Wörter versteckt, auf die unsere Regel zutrifft. Schreibe sie in dein Heft und setze die Begleiter (Artikel) dazu.

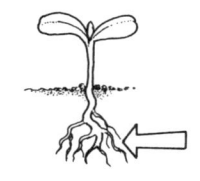

| S | K | R | A | N | Z | G | A | X | P | P |
|---|---|---|---|---|---|---|---|---|---|---|
| C | E | R | Z | Q | B | U | R | F | F | A |
| H | R | P | V | W | A | R | Z | E | L | R |
| M | Z | Z | V | O | L | K | T | R | A | K |
| E | E | N | E | L | K | E | P | K | N | R |
| R | F | U | N | K | E | N | R | E | Z | Z |
| Z | A | N | K | E | N | K | E | L | E | E |
| W | U | R | Z | E | L | W | A | L | Z | E |

Quiek!

86

Kopiervorlage 27c: Lösungen zum Arbeitsblatt 27b

## ck, tz, oder k, z?

**1.** Finde heraus, wie die Sätze heißen müssen
und schreibe sie auf.

Fleißige Leute si__en auf der Ban__ hinter
den He__en und stri__en Mü__en. Plö__lich drü__t
jemand auf die Türklin__e. Über der Tür hängt
ein di__er Kran__ aus getro__neten Pflan__en.
Mitten auf dem Pla__ stür__te Fran__ mit dem
Rad, weil ein Stü__ Hol__ auf der Fahrbahn lag.

> Nach l, n, r, das merke ja,
> steht nie **tz** und nie **ck**!
>
> die Hacke, aber die Harke
> der Satz, aber das Salz
> lecken, aber lenken

*Fleißige Leute sitzen auf der Bank hinter den Hecken und stricken Mützen. Plötzlich drückt jemand auf die Türklinke. Über der Tür hängt ein dicker Kranz aus getrockneten Pflanzen. Mitten auf dem Platz stürzte Frank(z) mit dem Rad, weil ein Stück Holz auf der Fahrbahn lag.*

**2.** Schaue die Reihen waagerecht oder senkrecht durch. Es sind dort 19 Wörter versteckt, auf die unsere Regel zutrifft. Schreibe sie in dein Heft und setze die Begleiter (Artikel) dazu.

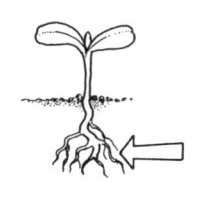

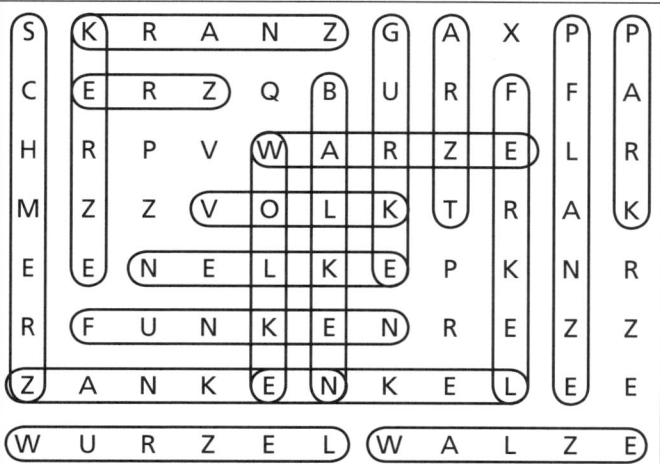

| S | K | R | A | N | Z | G | A | X | P | P |
|---|---|---|---|---|---|---|---|---|---|---|
| C | E | R | Z | Q | B | U | R | F | F | A |
| H | R | P | V | W | A | R | Z | E | L | R |
| M | Z | Z | V | O | L | K | T | R | A | K |
| E | E | N | E | L | K | E | P | K | N | R |
| R | F | U | N | K | E | N | R | E | Z | Z |
| Z | A | N | K | E | N | K | E | L | E | E |
| W | U | R | Z | E | L | W | A | L | Z | E |

87

## Schulfest

Die Schülerinnen und Schüler der Grundschule von Lindental bereiten ein Schulfest vor.
Es soll das Thema haben: Menschen in Europa.

José schlägt vor: „Ich _____ (verkleiden) mich als wilder Stier. Wir _____ (spielen) dann den Zuschauern einen Stierkampf vor." Die Lehrerin meint: „Dann _____ (brauchen) ihr aber auch noch einen Torero, einen Stierkämpfer, dazu."

„Das _____ (machen) Christian bestimmt am besten", meint Anja. Christian _____ (winken) ab. „Du _____ (können) gut laufen und springen", _____ (sagen) Marko.

Christian _____ (sträuben) sich noch immer.

Schließlich _____ (überreden) ihn die Kinder.

„Gut", _____ (überlegen) Christian.

„Ich _____ (probieren) es." Die Mitschülerinnen und Mitschüler _____ (klatschen) Beifall.

Lies den Text und setze dabei die richtige Form, die Personalform, ein.

## Schulfest

**1.** Schreibe den Text ab und setze dabei die richtige Form, die Personalform, ein.

Die Schülerinnen und Schüler der Grundschule von Lindental bereiten ein Schulfest vor. Es soll das Thema haben: Menschen in Europa.
José schlägt vor: „Ich ___ (verkleiden) mich als wilder Stier. Wir ___ (spielen) dann den Zuschauern einen Stierkampf vor."
Die Lehrerin meint: „Dann ___ (brauchen) ihr aber auch noch einen Torero, einen Stierkämpfer, dazu." „Das ___ (machen) Christian bestimmt am besten", meint Anja. Christian ___ (winken) ab.
„Du ___ (können) gut laufen und springen", ___ (sagen) Marko.
Christian ___ (sträuben) sich noch immer. Schließlich ___ (überreden) ihn die Kinder.
„Gut", ___ (überlegen) Christian. „Ich ___ (probieren) es." Die Mitschülerinnen und Mitschüler ___ (klatschen) Beifall.

Kopiervorlage 28c: Lösungen zum Arbeitsblatt 28b

### Schulfest

**1.** Schreibe den Text ab und setze dabei die richtige Form, die Personalform, ein.

Die Schülerinnen und Schüler der Grundschule von Lindental bereiten ein Schulfest vor. Es soll das Thema haben: Menschen in Europa.
José schlägt vor: „Ich ___ (verkleiden) mich als wilder Stier. Wir ___ (spielen) dann den Zuschauern einen Stierkampf vor."
Die Lehrerin meint: „Dann ___ (brauchen) ihr aber auch noch einen Torero, einen Stierkämpfer, dazu." „Das ___ (machen) Christian bestimmt am besten", meint Anja. Christian ___ (winken) ab.
„Du ___ (können) gut laufen und springen", ___ (sagen) Marko.
Christian ___ (sträuben) sich noch immer. Schließlich ___ (überreden) ihn die Kinder.
„Gut", ___ (überlegen) Christian. „Ich ___ (probieren) es." Die Mitschülerinnen und Mitschüler ___ (klatschen) Beifall.

---

Schulfest

Die Schülerinnen und Schüler der Grundschule von Lindental bereiten ein Schulfest vor. Es soll das Thema haben: Menschen in Europa. José schlägt vor: „Ich verkleide mich als wilder Stier. Wir spielen dann den Zuschauern einen Stierkampf vor."
Die Lehrerin meint: „Dann braucht ihr aber auch noch einen Torero, einen Stierkämpfer, dazu." „Das macht Christian bestimmt am besten", meint Anja. Christian winkt ab.
„Du kannst gut laufen und springen", sagt Marko. Christian sträubt sich noch immer. Schließlich überreden ihn die Kinder.
„Gut", überlegt Christian. „Ich probiere es." Die Mitschülerinnen und Mitschüler klatschen Beifall.

## Der König und sein Spaßmacher

Ein König hatte einen Spaßmacher, der sehr klug war Eines Tages fragte ihn der König Wenn wir beide die Wahl hätten, in ein Pferd oder einen Esel verwandelt zu werden, was würdest du dann wählen Der Spaßmacher meinte Ein König soll immer als Erster wählen Ich nehme dann das Tier, das übrig bleibt Gut, sagte der König, dann entscheide ich mich für das Pferd Und ich nehme sehr gerne den Esel, lächelte der Hofnarr Der König fragte erstaunt Warum willst du gerne den Esel wählen Der Spaßmacher antwortete Herr König, in der Welt sind schon viele Esel berühmte Leute geworden Ich habe aber noch nie gehört, dass das auch bei Pferden so ist

Bei dieser Geschichte fehlen die Doppelpunkte, die Anführungszeichen und die Satzschlusszeichen. Ergänze sie.

## Der König und sein Spaßmacher

**1.** Bei dieser Geschichte fehlen die Doppelpunkte, die Anführungszeichen und die Satzschlusszeichen. Ergänze sie und schreibe den Text ab.

Ein König hatte einen Spaßmacher, der sehr klug war Eines Tages fragte ihn der König Wenn wir beide die Wahl hätten, in ein Pferd oder einen Esel verwandelt zu werden, was würdest du dann wählen Der Spaßmacher meinte Ein König soll immer als Erster wählen Ich nehme dann das Tier, das übrig bleibt Gut, sagte der König, dann entscheide ich mich für das Pferd Und ich nehme sehr gerne den Esel, lächelte der Hofnarr Der König fragte erstaunt Warum willst du gerne den Esel wählen Der Spaßmacher antwortete Herr König, in der Welt sind schon viele Esel berühmte Leute geworden Ich habe aber noch nie gehört, dass das auch bei Pferden so ist

Kopiervorlage 29c: Lösungen zum Arbeitsblatt 29b

### Der König und sein Spaßmacher

1. Bei dieser Geschichte fehlen die Doppelpunkte, die Anführungszeichen und die Satzschlusszeichen. Ergänze sie und schreibe den Text ab.

Ein König hatte einen Spaßmacher, der sehr klug war Eines Tages fragte ihn der König Wenn wir beide die Wahl hätten, in ein Pferd oder einen Esel verwandelt zu werden, was würdest du dann wählen Der Spaßmacher meinte Ein König soll immer als Erster wählen Ich nehme dann das Tier, das übrig bleibt Gut, sagte der König, dann entscheide ich mich für das Pferd Und ich nehme sehr gerne den Esel, lächelte der Hofnarr Der König fragte erstaunt Warum willst du gerne den Esel wählen Der Spaßmacher antwortete Herr König, in der Welt sind schon viele Esel berühmte Leute geworden Ich habe aber noch nie gehört, dass das auch bei Pferden so ist

---

Der König und sein Spaßmacher

Ein König hatte einen Spaßmacher, der sehr klug war. Eines Tages fragte ihn der König: „Wenn wir beide die Wahl hätten, in ein Pferd oder einen Esel verwandelt zu werden, was würdest du dann wählen?" Der Spaßmacher meinte: „Ein König soll immer als Erster wählen. Ich nehme dann das Tier, das übrig bleibt." „Gut", sagte der König, „dann entscheide ich mich für das Pferd." „Und ich nehme sehr gerne den Esel", lächelte der Hofnarr. Der König fragte erstaunt: „Warum willst du gerne den Esel wählen?" Der Spaßmacher antwortete: „Herr König, in der Welt sind schon viele Esel berühmte Leute geworden. Ich habe aber noch nie gehört, dass das auch bei Pferden so ist."

Kopiervorlage 30a: Tafelbild/Folienbild Gans oder ganz, viel oder fiel?

## Gans oder ganz, viel oder fiel?

Glimpflich abgelaufen ist gestern ein Verkehrsunfall, den eine zornige _____ verursachte. Das Tier hielt sich _____ allein auf der Dorfstraße von Adorf auf, als der Briefträger auf seinem Fahrrad _____ ahnungslos um die Ecke bog. Die erzürnte _____ griff den Postboten an, der dadurch von der Straße abkam und gegen einen Misthaufen prallte.

**1. Setze „Gans" oder „ganz" ein.**

Eine alte Dame zog gestern auf dem Marktplatz ein Taschentuch aus der Tasche. Dabei _____ ihre Geldbörse heraus. _____ Kleingeld rollte auf die Straße. Sie fragte ganz erstaunt: „War ich diejenige, der so _____ Geld aus der Tasche _____?"

**2. Setze „fiel" oder „viel" ein.**

Kopiervorlage 30b: Arbeitsblatt Gans oder ganz, viel oder fiel?

## Gans oder ganz, viel oder fiel?

1. Schreibe den Text ab und setze „Gans" oder „ganz" ein.

   Glimpflich abgelaufen ist gestern ein Verkehrsunfall, den eine zornige ___ verursachte. Das Tier hielt sich ___ allein auf der Dorfstraße von Adorf auf, als der Briefträger auf seinem Fahrrad ___ ahnungslos um die Ecke bog. Die erzürnte ___ griff den Postboten an, der dadurch von der Straße abkam und gegen einen Misthaufen prallte.

2. Schreibe den Text ab und setze „fiel" oder „viel" ein.

   Eine alte Dame zog gestern auf dem Marktplatz ein Taschentuch aus der Tasche. Dabei ___ ihre Geldbörse heraus. ___ Kleingeld rollte auf die Straße. Sie fragte ganz erstaunt: „War ich diejenige, der so ___ Geld aus der Tasche ___?"

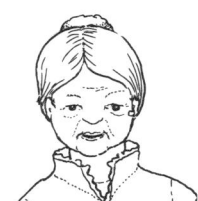

Kopiervorlage 30c: Lösungen zum Arbeitsblatt 30b

## Gans oder ganz, viel oder fiel?

1. Schreibe den Text ab und setze „Gans" oder „ganz" ein.

   Glimpflich abgelaufen ist gestern ein Verkehrsunfall, den eine zornige ___ verursachte. Das Tier hielt sich ___ allein auf der Dorfstraße von Adorf auf, als der Briefträger auf seinem Fahrrad ___ ahnungslos um die Ecke bog. Die erzürnte ___ griff den Postboten an, der dadurch von der Straße abkam und gegen einen Misthaufen prallte.

2. Schreibe den Text ab und setze „fiel" oder „viel" ein.

   Eine alte Dame zog gestern auf dem Marktplatz ein Taschentuch aus der Tasche. Dabei ___ ihre Geldbörse heraus. ___ Kleingeld rollte auf die Straße. Sie fragte ganz erstaunt: „War ich diejenige, der so ___ Geld aus der Tasche ___?"

1.
Glimpflich abgelaufen ist gestern ein Verkehrsunfall, den eine zornige Gans verursachte. Das Tier hielt sich ganz allein auf der Dorfstraße von Adorf auf, als der Briefträger auf seinem Fahrrad ganz ahnungslos um die Ecke bog. Die erzürnte Gans griff den Postboten an, der dadurch von der Straße abkam und gegen einen Misthaufen prallte.

2.
Eine alte Dame zog gestern auf dem Marktplatz ein Taschentuch aus der Tasche. Dabei fiel ihre Geldbörse heraus. Viel Kleingeld rollte auf die Straße. Sie fragte ganz erstaunt: „War ich diejenige, der so viel Geld aus der Tasche fiel?"

## Der Lehrer erzählt:
## Meine erste Begegnung mit Zigaretten

Wir laufen an der Scheune entlang. Überall liegen Heuhaufen. Wolfgang wirft sich auf einen Heuhaufen. Dann sagt er: „Hier ist doch etwas." Er tastet und findet viele Schachteln mit Zigaretten. Wir haben alle noch nie geraucht. Jetzt wollen wir es versuchen. Zum Glück hat Maria Streichhölzer dabei. Jeder zündet sich eine Zigarette an. Fast alle fangen an zu husten. Keiner gibt es zu, aber jeder denkt: „So gut schmecken diese Dinger gar nicht." Aber wir wollen mutig sein und rauchen weiter. Plötzlich muss Manfred sich übergeben. Auch uns anderen ist schlecht. Was sollen wir bloß tun, damit die Eltern den Zigarettenrauch nicht bemerken? Wir graben kleine Rüben aus und kauen sie. Dann spucken wir den Brei aus. Das wiederholen wir, bis der Rauchgeruch verschwunden ist. Mit gelben Gesichtern gehen wir nach Hause.

Setze die Geschichte in die Vergangenheit.

## Der Lehrer erzählt: Meine erste Begegnung mit Zigaretten

**1.** Schreibe die Geschichte ab und setze sie in die Vergangenheit.

Wir laufen an der Scheune entlang. Überall liegen Heuhaufen. Wolfgang wirft sich auf einen Heuhaufen. Dann sagt er: „Hier ist doch etwas." Er tastet und findet viele Schachteln mit Zigaretten. Wir haben alle noch nie geraucht. Jetzt wollen wir es versuchen. Zum Glück hat Maria Streichhölzer dabei. Jeder zündet sich eine Zigarette an. Fast alle fangen an zu husten. Keiner gibt es zu, aber jeder denkt: „So gut schmecken diese Dinger gar nicht." Aber wir wollen mutig sein und rauchen weiter. Plötzlich muss Manfred sich übergeben. Auch uns anderen ist schlecht.
Was sollen wir bloß tun, damit die Eltern den Zigarettenrauch nicht bemerken? Wir graben kleine Rüben aus und kauen sie. Dann spucken wir den Brei aus. Das wiederholen wir, bis der Rauchgeruch verschwunden ist. Mit gelben Gesichtern gehen wir nach Hause.

Kopiervorlage 31c: Lösungen zum Arbeitsblatt 31b

## Der Lehrer erzählt: Meine erste Begegnung mit Zigaretten

**1.** Schreibe die Geschichte ab und setze sie in die Vergangenheit.

Wir laufen an der Scheune entlang. Überall liegen Heuhaufen. Wolfgang wirft sich auf einen Heuhaufen. Dann sagt er: „Hier ist doch etwas." Er tastet und findet viele Schachteln mit Zigaretten. Wir haben alle noch nie geraucht. Jetzt wollen wir es versuchen. Zum Glück hat Maria Streichhölzer dabei. Jeder zündet sich eine Zigarette an. Fast alle fangen an zu husten. Keiner gibt es zu, aber jeder denkt: „So gut schmecken diese Dinger gar nicht." Aber wir wollen mutig sein und rauchen weiter. Plötzlich muss Manfred sich übergeben. Auch uns anderen ist schlecht.
Was sollen wir bloß tun, damit die Eltern den Zigarettenrauch nicht bemerken? Wir graben kleine Rüben aus und kauen sie. Dann spucken wir den Brei aus.
Das wiederholen wir, bis der Rauchgeruch verschwunden ist. Mit gelben Gesichtern gehen wir nach Hause.

---

Der Lehrer erzählte: Meine erste Begegnung mit Zigaretten
Wir liefen an der Scheune entlang. Überall lagen Heuhaufen. Wolfgang warf sich auf einen Heuhaufen. Dann sagte er: „Hier ist doch etwas." Er tastete und fand viele Schachteln mit Zigaretten. Wir hatten alle noch nie geraucht. Jetzt wollten wir es versuchen. Zum Glück hatte Maria Streichhölzer dabei. Jeder zündete sich eine Zigarette an. Fast alle fingen an zu husten. Keiner gab es zu, aber jeder dachte: „So gut schmecken diese Dinger gar nicht." Aber wir wollten mutig sein und rauchten weiter. Plötzlich musste Manfred sich übergeben. Auch uns anderen war schlecht. Was sollten wir bloß tun, damit die Eltern den Zigarettenrauch nicht bemerkten? Wir gruben kleine Rüben aus und kauten sie. Dann spuckten wir den Brei aus. Das wiederholten wir, bis der Rauchgeruch verschwunden war. Mit gelben Gesichtern gingen wir nach Hause.

## Das s*ltsam* R*z*pt

*in*s Tag*s hi*lt *in Mann von *in*m *ntl*g*n*n
Bau*rnhof mit *in*m Wag*n und zw*i Ochs*n vor d*r
Stadtapoth*k* an, lud *in* groß*, hölz*rn* Stub*ntür
ab und trug si* hin*in.
D*r Apoth*k*r macht* groß* Aug*n und sagt*:
„Was wollt Ihr da, gut*r Fr*und, mit *u*r*r Stub*ntür.
D*r Schr*in*r wohnt zw*i Häus*r w*it*r links."
Darauf sagt* d*r Mann, d*r Doktor s*i b*i s*in*r
krank*n Frau g*w*s*n und hab* ihr *in* M*dizin
v*rordn*n woll*n. *s s*i ab*r im ganz*n Haus k*in*
F*d*r, k*in Papi*r und k*in* Tint* g*w*s*n, nur *in
Stück Kr*id*. Da hab* d*r Doktor das R*z*pt an di*
Stub*ntür g*schri*b*n und nun soll* d*r Apoth*k*r so
gut s*in und di* M*dizin zub*r*it*n.

Jedes e ist durch ein * ersetzt. Lies den Text.

Kopiervorlage 32b: Arbeitsblatt Das s∗ltsam∗ R∗z∗pt

## Das s∗ltsam∗ R∗z∗pt

**1.** Jedes e ist durch ein ∗ ersetzt. Lies den Text. Schreibe ihn dann richtig ab.

∗in∗s Tag∗s hi∗lt ∗in Mann von ∗in∗m ∗ntl∗g∗n∗n Bau∗rnhof mit ∗in∗m Wag∗n und zw∗i Ochs∗n vor d∗r Stadtapoth∗k∗ an, lud ∗in∗ groß∗, hölz∗rn∗ Stub∗ntür ab und trug si∗ hin∗in.
D∗r Apoth∗k∗r macht∗ groß∗ Aug∗n und sagt∗: „Was wollt Ihr da, gut∗r Fr∗und, mit ∗u∗r∗r Stub∗ntür. D∗r Schr∗in∗r wohnt zw∗i Häus∗r w∗it∗r links."
Darauf sagt∗ d∗r Mann, d∗r Doktor s∗i b∗i s∗in∗r krank∗n Frau g∗w∗s∗n und hab∗ ihr ∗in M∗dizin v∗rordn∗n woll∗n. ∗s s∗i ab∗r im ganz∗n Haus k∗in∗ F∗d∗r, k∗in Papi∗r und k∗in∗ Tint∗ g∗w∗s∗n, nur ∗in Stück Kr∗id∗. Da hab∗ d∗r Doktor das R∗z∗pt an di∗ Stub∗ntür g∗schri∗b∗n und nun soll∗ d∗r Apoth∗k∗r so gut s∗in und di∗ M∗dizin zub∗r∗it∗n.

Kopiervorlage 32c: Lösungen zum Arbeitsblatt 32b

## Das s✶ltsam✶ R✶z✶pt

**1.** Jedes e ist durch ein ✶ ersetzt. Lies den Text. Schreibe ihn dann richtig ab.

✶in✶s Tag✶s hi✶lt ✶in Mann von ✶in✶m
✶ntl✶g✶n✶n Bau✶rnhof mit ✶in✶m Wag✶n
und zw✶i Ochs✶n vor d✶r Stadtapoth✶k✶ an,
lud ✶in✶ groß✶, hölz✶rn✶ Stub✶ntür ab und
trug si✶ hin✶in.
D✶r Apoth✶k✶r macht✶ groß✶ Aug✶n und
sagt✶: „Was wollt Ihr da, gut✶r Fr✶und, mit
✶u✶r✶r Stub✶ntür. D✶r Schr✶in✶r wohnt zw✶i
Häus✶r w✶it✶r links."
Darauf sagt✶ d✶r Mann, d✶r Doktor s✶i b✶i
s✶in✶r krank✶n Frau g✶w✶s✶n und hab✶ ihr
✶in✶ M✶dizin v✶rordn✶n woll✶n. ✶s s✶i ab✶r im ganz✶n Haus k✶in✶ F✶d✶r,
k✶in Papi✶r und k✶in✶ Tint✶ g✶w✶s✶n, nur ✶in Stück Kr✶id✶. Da hab✶ d✶r
Doktor das R✶z✶pt an di✶ Stub✶ntür g✶schri✶b✶n und nun soll✶ d✶r
Apoth✶k✶r so gut s✶in und di✶ M✶dizin zub✶r✶it✶n.

---

*Das seltsame Rezept*

*Eines Tages hielt ein Mann von einem entlegenen Bauernhof*
*mit einem Wagen und zwei Ochsen vor der Stadtapotheke an,*
*lud eine große, hölzerne Stubentür ab und trug sie hinein.*
*Der Apotheker machte große Augen und sagte: „Was wollt Ihr*
*da, guter Freund, mit euerer Stubentür. Der Schreiner wohnt*
*zwei Häuser weiter links." Darauf sagte der Mann, der Doktor*
*sei bei seiner kranken Frau gewesen und habe ihr eine Medizin*
*verordnen wollen. Es sei aber im ganzen Haus keine Feder,*
*kein Papier und keine Tinte gewesen, nur ein Stück Kreide. Da*
*habe der Doktor das Rezept an die Stubentür geschrieben und*
*nun solle der Apotheker so gut sein und die Medizin zubereiten.*

## ä und a

die Läden, der Käse, die Gäste,
der Schädel, das Bächlein, die Dächer,
der Käfer, der Schäfer, das Märchen,
die Räder, das Mädchen, das Häslein,
die Säge, die Äcker, der Bär,
das Täfelchen, der Käfig, der Jäger,
die Nägel, die Mägen, mähen,
während, schälen, wärmen

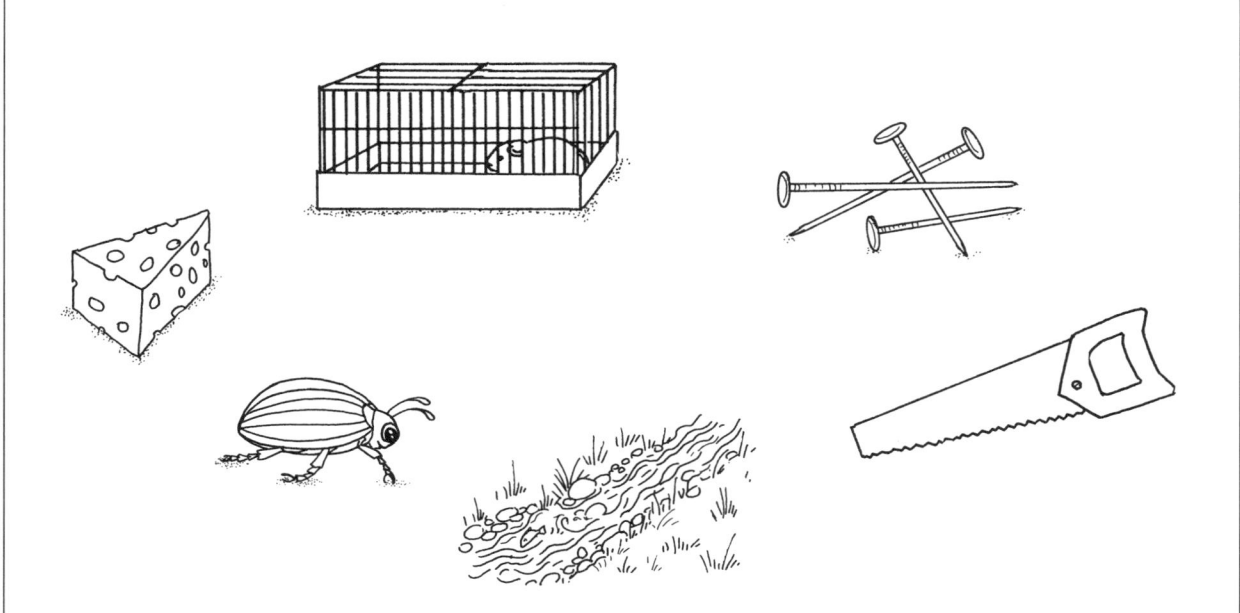

Oft kann man ein Wort, das mit ä geschrieben wird,
von einem Wort mit a herleiten. Das geht aber nicht immer.
Finde heraus, welche Wörter sich von einem Wort mit
a herleiten lassen und unterstreiche sie.

Kopiervorlage 33b: Arbeitsblatt ä und a

## ä und a

1. Oft kann man ein Wort, das mit ä geschrieben wird, von einem Wort mit a herleiten. Das geht aber nicht immer. Finde heraus, welche Wörter sich nicht von einem Wort mit a herleiten lassen und unterstreiche sie.

   die Läden, der Käse, die Gäste, der Schädel, das Bächlein, die Dächer, der Käfer, der Schäfer, das Märchen, die Räder, das Mädchen, das Häslein, die Säge, die Äcker, der Bär, das Täfelchen, der Käfig, der Jäger, die Nägel, die Mägen, mähen, während, schälen, wärmen

2. Bilde nun zu jeden Wort einen Satz.

Kopiervorlage 33c: Lösungen zum Arbeitsblatt 33b

## ä und a

1. Oft kann man ein Wort, das mit ä geschrieben wird, von einem Wort mit a herleiten. Das geht aber nicht immer. Finde heraus, welche Wörter sich nicht von einem Wort mit a herleiten lassen und unterstreiche sie.

   die Läden, der Käse, die Gäste, der Schädel, das Bächlein, die Dächer, der Käfer, der Schäfer, das Märchen, die Räder, das Mädchen, das Häslein, die Säge, die Äcker, der Bär, das Täfelchen, der Käfig, der Jäger, die Nägel, die Mägen, mähen, während, schälen, wärmen

2. Bilde nun zu jeden Wort einen Satz.

   Individuelle Lösungen.

## ä und a

105

**Wortbausteine für Namenwörter**

die Nahr☉, das Versäum✿, die Verlob☉,  ☉ = ung
die Faul♦, die Sauber❖, die Berichtig☉,  ♦ = heit
die Schön♦, die Höflich❖, die Wohn☉,  ✿ = nis
das Inhaltsverzeich✿, die Frech♦, die Eitel❖,  ❖ = keit
die Heiz☉, die Frei♦, das Verständ✿,
die Vergangen♦, die Zeichn☉, das Ereig✿,
die Wahr♦, die Einig❖

Schreibe die Wörter richtig auf.

Kopiervorlage 34b: Arbeitsblatt Wortbausteine für Namenwörter

## Wortbausteine für Namenwörter

**1.** Schreibe die Wörter richtig auf.

die Nahr☉, das Versäum✿, die Verlob☉, die Sauber❖,
die Berichtig☉, die Schön♦, die Wohn☉, das Inhaltsverzeich✿,
die Frech♦, die Heiz☉, die Frei♦, das Verständ✿, die Zeichn☉,
das Ereig✿, die Wahr♦,

☉ = ung
♦ = heit
✿ = nis
❖ = keit

_____   _____   _____
_____   _____   _____
_____   _____   _____
_____   _____   _____

**2.** Bilde zu jedem Wort einen Satz.

_____
_____
_____
_____
_____
_____
_____
_____
_____
_____
_____
_____
_____

Kopiervorlage 34c: Lösungen zum Arbeitsblatt 34b

## Wortbausteine für Namenwörter

**1.** Schreibe die Wörter richtig auf.

die Nahr⊙, das Versäum✿, die Verlob⊙, die Sauber❖,
die Berichtig⊙, die Schön♦, die Wohn⊙, das Inhaltsverzeich✿,
die Frech♦, die Heiz⊙, die Frei♦, das Verständ✿, die Zeichn⊙,
das Ereig✿, die Wahr♦,

⊙ = ung
♦ = heit
✿ = nis
❖ = keit

| die Nahrung | das Versäumnis | die Verlobung |
| die Sauberkeit | die Berichtigung | die Schönheit |
| die Wohnung | das Inhaltsverzeichnis | die Frechheit |
| die Heizung | die Freiheit | das Verständnis |
| die Zeichnung | das Ereignis | die Wahrheit |

**2.** Bilde zu jedem Wort einen Satz.

_Individuelle Lösungen._

108

## Wir sagen es genauer

*Beispiele:*
blau: dunkelblau, hellblau, himmelblau
still: totenstill, grabesstill
fleißig: bienenfleißig
alt: uralt, steinalt

**hell – klar – sauber – leicht – kalt – hoch – groß – krank – rund – voll – dürr – nackt – süß – hart**

Bilde treffsichere Wiewörter (Adjektive) mit:
**blitz- eis- feder- glas- kern- kreis- rand- riesen- spindel- splitter- stahl- sterbens- tag- turm- zucker-**
Schreibe sie auf.

Kopiervorlage 35b: Arbeitsblatt Wir sagen es genauer

## Wir sagen es genauer

*Beispiele:*

blau: dunkelblau, hellblau, himmelblau
still: totenstill, grabesstill
fleißig: bienenfleißig
alt: uralt, steinalt

**hell – klar – sauber – leicht – kalt – hoch – groß – krank – rund – voll – dürr – nackt – süß – hart**

1. Bilde treffsichere Wiewörter (Adjektive) mit:

   **blitz- eis- feder- glas- kern- kreis- rand- riesen- spindel- splitter- stahl- sterbens- tag- turm- zucker-**

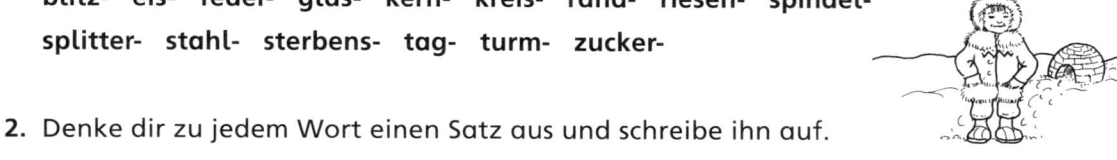

2. Denke dir zu jedem Wort einen Satz aus und schreibe ihn auf.

Kopiervorlage 35c: Lösungen zum Arbeitsblatt 35b

## Wir sagen es genauer

*Beispiele:*

blau: dunkelblau, hellblau, himmelblau
still: totenstill, grabesstill
fleißig: bienenfleißig
alt: uralt, steinalt

**hell – klar – sauber – leicht – kalt – hoch – groß – krank – rund – voll – dürr – nackt – süß – hart**

1. Bilde treffsichere Wiewörter (Adjektive) mit:

   **blitz- eis- feder- glas- kern- kreis- rand- riesen- spindel- splitter- stahl- sterbens- tag- turm- zucker-**

2. Denke dir zu jedem Wort einen Satz aus und schreibe ihn auf.

   taghell:

   glasklar:

   blitzsauber:

   federleicht:

   eiskalt:

   turmhoch:

   riesengroß:         Individuelle Lösungen.

   sterbenskrank:

   kreisrund:

   randvoll:

   spindeldürr:

   splitternackt:

   zuckersüß:

   stahlhart:

Kopiervorlage 36a: Tafelbild/Folienbild Wer hilft suchen?

## Wer hilft suchen?

Familie Bigel in Schweinfurt feiert Vaters Geburtstag. Man trinkt Kaffee und schmaust Kuchen unter regem Geschnatter. Gabi fischt sich gerade ein Stück Torte, als ihr sonst so starker Bruder Wolfgang weinend ankommt. Von einem herabfallenden Ziegelstein hat er eine Beule bekommen. Die Gesellschaft ist mucksmäuschenstill. Onkel Klaus geht aus dem Saal, holt ein feuchtes Tuch und macht dem Patienten einen Umschlag. Bald wird alles wieder lustig, man tanzt Walzer und wird immer lustiger, bis alle aufbrechen und im Dunkeln verschwinden.

In dem Text sind 19 Tiere versteckt.
Finde sie heraus.

Kopiervorlage 36b: Arbeitsblatt Wer hilft suchen?

## Wer hilft suchen?

**1.** In dem Text sind 19 Tiere versteckt. Schreibe den Text ab und finde die Tiere.

Familie Bigel in Schweinfurt feiert Vaters Geburtstag. Man trinkt Kaffee und schmaust Kuchen unter regem Geschnatter. Gabi fischt sich gerade ein Stück Torte, als ihr sonst so starker Bruder Wolfgang weinend ankommt. Von einem herabfallenden Ziegelstein hat er eine Beule bekommen. Die Gesellschaft ist mucksmäuschenstill. Onkel Klaus geht aus dem Saal, holt ein feuchtes Tuch und macht dem Patienten einen Umschlag. Bald wird alles wieder lustig, man tanzt Walzer und wird immer lustiger, bis alle aufbrechen und im Dunkeln verschwinden.

**Wer hilft suchen?**

1. In dem Text sind 19 Tiere versteckt. Schreibe den Text ab und finde die Tiere.

Familie Bigel in Schweinfurt feiert Vaters Geburtstag. Man trinkt Kaffee und schmaust Kuchen unter regem Geschnatter. Gabi fischt sich gerade ein Stück Torte, als ihr sonst so starker Bruder Wolfgang weinend ankommt. Von einem herabfallenden Ziegelstein hat er eine Beule bekommen. Die Gesellschaft ist mucksmäuschenstill. Onkel Klaus geht aus dem Saal, holt ein feuchtes Tuch und macht dem Patienten einen Umschlag. Bald wird alles wieder lustig, man tanzt Walzer und wird immer lustiger, bis alle aufbrechen und im Dunkeln verschwinden.

---

Wer hilft suchen?

Familie Bigel (Igel) in Schweinfurt (Schwein) feiert Vaters Geburtstag. Man trinkt Kaffee (Affe) und schmaust (Maus) Kuchen unter regem Geschnatter (Natter). Gabi fischt (Fisch) sich gerade ein Stück Torte, als ihr sonst so starker (Star) Bruder Wolfgang (Wolf) weinend ankommt. Von einem herabfallenden Ziegelstein (Ziege) hat er eine Beule (Eule) bekommen. Die Gesellschaft (Schaf) ist mucksmäuschenstill (Mäuschen). Onkel Klaus (Laus) geht aus dem Saal (Aal), holt ein feuchtes Tuch und macht dem Patienten (Ente) einen Umschlag. Bald wird alles wieder lustig, man tanzt Walzer (Wal) und wird immer (Imme) lustiger (Tiger), bis alle aufbrechen und im Dunkeln (Unke) verschwinden.

## Das äu

die Häuser, die Räume, die Mäuler, die Bäuche, das Äuglein,
die Bäume, die Zäune, die Mäuse, die Fäuste, die Häute,
der Läufer, läuten, der Säufer, der Käufer, das Täubchen,
die Blumensträuße, die Sträucher, die Bäuerin, säuberlich,
bläulich, räumen, der Räuber, das Glockengeläut, schäumen,
das Gebäude, die Fäulnis, stäuben, der Däumling,
das Schräubchen, der Säugling, die Kräuter, die Gäule

Meistens kann man ein Wort, das mit **äu** geschrieben wird,
von einem Wort mit **au** herleiten. Finde heraus, von welchem
Wort mit **au** sich ein Wort mit **äu** herleiten lässt.

Kopiervorlage 37b: Arbeitsblatt Das äu

## Das äu

**1.** Meistens kann man ein Wort, das mit **äu** geschrieben wird, von einem Wort mit **au** herleiten. Finde heraus, von welchem Wort mit **au** sich ein Wort mit **äu** herleiten lässt. Schreibe so: Häuser kommt von Haus.

die Häuser, die Räume, die Mäuler, die Bäuche, das Äuglein, die Bäume, die Zäune, die Mäuse, die Fäuste, die Häute, der Läufer, läuten, der Säufer, der Käufer, das Täubchen, die Blumensträuße, die Sträucher, die Bäuerin, säuberlich, bläulich, räumen, der Räuber, das Glockengeläut, schäumen, das Gebäude, die Fäulnis, stäuben, der Däumling, das Schräubchen, der Säugling, die Kräuter, die Gäule

Kopiervorlage 37c: Lösungen zum Arbeitsblatt 37b

**Das äu**

1. Meistens kann man ein Wort, das mit **äu** geschrieben wird, von einem Wort mit **au** herleiten. Finde heraus, von welchem Wort mit **au** sich ein Wort mit **äu** herleiten lässt. Schreibe so: Häuser kommt von Haus.

die Häuser, die Räume, die Mäuler, die Bäuche, das Äuglein, die Bäume, die Zäune, die Mäuse, die Fäuste, die Häute, der Läufer, läuten, der Säufer, der Käufer, das Täubchen, die Blumensträuße, die Sträucher, die Bäuerin, säuberlich, bläulich, räumen, der Räuber, das Glockengeläut, schäumen, das Gebäude, die Fäulnis, stäuben, der Däumling, das Schräubchen, der Säugling, die Kräuter, die Gäule

Häuser kommt von Haus. Räume kommt von Raum. Mäuler kommt von Maul. Bäuche kommt von Bauch. Äuglein kommt von Auge. Bäume kommt von Baum. Zäune kommt von Zaun. Mäuse kommt von Maus. Fäuste kommt von Faust. Häute kommt von Haut. Läufer kommt von laufen. Läuten kommt von laut. Säufer kommt von saufen. Käufer kommt von kaufen. Täubchen kommt von Taube. Blumensträuße kommt von Blumenstrauß. Sträucher kommt von Strauch. Bäuerin kommt von Bauer. Säuberlich kommt von sauber. Bläulich kommt von blau. Räumen kommt von Raum. Räuber kommt von rauben. Das Glockengeläut kommt von laut. Schäumen kommt von Schaum. Gebäude kommt von bauen. Fäulnis kommt von faul. Stäuben kommt von Staub. Däumling kommt von Daumen. Schräubchen kommt von Schraube. Säugling kommt von saugen. Kräuter kommt von Kraut. Gäule kommt von Gaul.

# Die Nachsilbe -los

Steffens Diktat hat keine Fehler. Steffens Diktat ist fehlerlos.

Forme die Sätze um:

Die Lage der Feuerwehr ist ohne Aussicht.
Elisabeth wurde ohne Schmerzen operiert.
Der Flüchtling hat keine Heimat.
Herr und Frau Förster haben keine Kinder.
Vor Aufregung lief er herum wie ein Huhn ohne Kopf.
Die Entführer ergaben sich ohne Kampf.
Vor Schreck waren seine Lippen ohne Farbe.
Die Gäste unterhielten sich ganz ohne Zwang.
Er hatte das Gefühl ganz ohne Hilfe zu sein.
Gegenüber seinen Mitmenschen hatte er kein Herz.

# Die Nachsilbe -los

Steffens Diktat hat keine Fehler. Steffens Diktat ist fehlerlos.

**1.** Forme die Sätze um und schreibe sie unten auf:

Die Lage der Feuerwehr ist ohne Aussicht.
Elisabeth wurde ohne Schmerzen operiert.
Der Flüchtling hat keine Heimat.
Herr und Frau Förster haben keine Kinder.
Vor Aufregung lief er herum wie ein Huhn ohne Kopf.
Die Entführer ergaben sich ohne Kampf.
Vor Schreck waren seine Lippen ohne Farbe.
Die Gäste unterhielten sich ganz ohne Zwang.
Er hatte das Gefühl ganz ohne Hilfe zu sein.
Gegenüber seinen Mitmenschen hatte er kein Herz.

_____
_____
_____
_____
_____
_____
_____
_____
_____
_____

**2.** Bilde Sätze mit folgenden Wörtern in deinem Heft.

| | |
|---|---|
| freudlos | machtlos |
| friedlos | haltlos |
| glücklos | fassungslos |

Kopiervorlage 38c: Lösungen zum Arbeitsblatt 38b

## Die Nachsilbe -los

Steffens Diktat hat keine Fehler. Steffens Diktat ist fehlerlos.

1. Forme die Sätze um und schreibe sie unten auf:

   Die Lage der Feuerwehr ist ohne Aussicht.
   Elisabeth wurde ohne Schmerzen operiert.
   Der Flüchtling hat keine Heimat.
   Herr und Frau Förster haben keine Kinder.
   Vor Aufregung lief er herum wie ein Huhn ohne Kopf.
   Die Entführer ergaben sich ohne Kampf.
   Vor Schreck waren seine Lippen ohne Farbe.
   Die Gäste unterhielten sich ganz ohne Zwang.
   Er hatte das Gefühl ganz ohne Hilfe zu sein.
   Gegenüber seinen Mitmenschen hatte er kein Herz.

   Die Lage der Feuerwehr ist aussichtslos.
   Elisabeth wurde schmerzlos operiert.
   Der Flüchtling ist heimatlos.
   Herr und Frau Förster sind kinderlos.
   Vor Aufregung lief er kopflos herum.
   Die Entführer ergaben sich kampflos.
   Vor Schreck waren seine Lippen farblos.
   Die Gäste unterhielten sich ganz zwanglos.
   Er hatte das Gefühl, ganz hilflos zu sein.
   Gegenüber seinen Mitmenschen war er herzlos.

2. Bilde Sätze mit folgenden Wörtern in deinem Heft.

   | | |
   |---|---|
   | freudlos | machtlos |
   | friedlos | haltlos |
   | glücklos | fassungslos |

Die Nachsilbe -los

## Nach dem Krieg

Maria und Dennis sind zu Besuch bei __rer Großmutter.

Am Nachmittag machen s__ zusammen einen Spaz__rgang.

Auf einer Waldw__se ist eine Bank. H__r rasten d__ drei.

„Erzählst du uns vom Kr__g?", bittet Maria d__ Großmutter.

„Ja, als d__ Bomben f__len", bettelt Dennis.

„D__ Bombenangriffe habe ich h__r in der Stadt nicht

miterlebt", erw__dert die Oma. „Ich wohnte damals mit

meiner Mutter in einem Dorf. Erst als der Kr__g zu Ende war,

kamen w__r zurück in d__ Stadt. __r könnt euch nicht

vorstellen, w__ es h__r überall ausgesehen hat. V__le Häuser

waren nur noch Trümmerhaufen. Auch unser Haus war

zerstört. W__r konnten nur in den Keller z__en. Es gab

überhaupt keine Energ__. Denn d__ Strom- und Gasleitungen

waren zerstört. Es gab auch keine Kohlel__ferungen. In den

ersten Wintern nach dem Kr__g mussten v__le Leute fr__ren."

Hier fehlt jedes lang gesprochene i. Setze **i**, **ie**, **ih**, oder **ieh** ein.

Kopiervorlage 39b: Arbeitsblatt Nach dem Krieg

## Nach dem Krieg

**1.** Hier fehlt jedes lang gesprochene i. Schreibe den Text ab und setze **i**, **ie**, **ih**, oder **ieh** ein.

Maria und Dennis sind zu Besuch bei _rer Großmutter. Am Nachmittag machen s_ zusammen einen Spaz_rgang. Auf einer Waldw_se ist eine Bank. H_r rasten d_ drei. „Erzählst du uns vom Kr_g?", bittet Maria d_ Großmutter. „Ja, als d_ Bomben f_len", bettelt Dennis.
„D_ Bombenangriffe habe ich h_r in der Stadt nicht miterlebt", erw_dert die Oma. „Ich wohnte damals mit meiner Mutter in einem Dorf. Erst als der Kr_g zu Ende war, kamen w_r zurück in d_ Stadt. _r könnt euch nicht vorstellen, w_ es h_r überall ausgesehen hat. V_le Häuser waren nur noch Trümmerhaufen. Auch unser Haus war zerstört. W_r konnten nur in den Keller z_en. Es gabt überhaupt keine Energ_. Denn d_ Strom- und Gasleitungen waren zerstört. Es gab auch keine Kohlel_ferungen. In den ersten Wintern nach dem Kr_g mussten v_le Leute fr_ren."

122

**Kopiervorlage 39c: Lösungen zum Arbeitsblatt 39b**

## Nach dem Krieg

1. Hier fehlt jedes lang gesprochene i. Schreibe den Text ab und setze **i**, **ie**, **ih**, oder **ieh** ein.

   Maria und Dennis sind zu Besuch bei _rer Großmutter. Am Nachmittag machen s_ zusammen einen Spaz_rgang. Auf einer Waldw_se ist eine Bank. H_r rasten d_ drei. „Erzählst du uns vom Kr_g?", bittet Maria d_ Großmutter. „Ja, als d_ Bomben f_len", bettelt Dennis.
   „D_ Bombenangriffe habe ich h_r in der Stadt nicht miterlebt", erw_dert die Oma. „Ich wohnte damals mit meiner Mutter in einem Dorf. Erst als der Kr_g zu Ende war, kamen w_r zurück in d_ Stadt. _r könnt euch nicht vorstellen, w_ es h_r überall ausgesehen hat. V_le Häuser waren nur noch Trümmerhaufen. Auch unser Haus war zerstört. W_r konnten nur in den Keller z_en. Es gabt überhaupt keine Energ_. Denn d_ Strom- und Gasleitungen waren zerstört. Es gab auch keine KohleL_ferungen. In den ersten Wintern nach dem Kr_g mussten v_le Leute fr_ren."

   <u>Nach dem Krieg</u>
   <u>Maria und Dennis sind zu Besuch bei ihrer Großmutter. Am</u>
   <u>Nachmittag machen sie zusammen einen Spaziergang. Auf einer</u>
   <u>Waldwiese ist eine Bank. Hier rasten die drei. „Erzählst du uns</u>
   <u>vom Krieg?", bittet Maria die Großmutter. „Ja, als die Bomben</u>
   <u>fielen", bettelt Dennis. „Die Bombenangriffe habe ich hier in der</u>
   <u>Stadt nicht miterlebt", erwidert die Oma. „Ich wohnte damals</u>
   <u>mit meiner Mutter in einem Dorf. Erst als der Krieg zu Ende</u>
   <u>war, kamen wir zurück in die Stadt. Ihr könnt euch nicht</u>
   <u>vorstellen, wie es hier überall ausgesehen hat. Viele Häuser</u>
   <u>waren nur noch Trümmerhaufen. Auch unser Haus war zerstört.</u>
   <u>Wir konnten nur in den Keller ziehen. Es gabt überhaupt keine</u>
   <u>Energie. Denn die Strom- und Gasleitungen waren zerstört.</u>
   <u>Es gab auch keine Kohlelieferungen. In den ersten Wintern nach</u>
   <u>dem Krieg mussten viele Leute frieren."</u>

## Tabeas Aufsatz

Gestern Nachmittag komme ich in mein Zimmer. Ich will meine Hausaufgaben machen. Draußen regnete es. Viele Wolken zogen über den Himmel. In meinem Zimmer ist es ganz dunkel, zu dunkel zum Schreiben. Ich drückte auf den Knopf meiner Schreibtischlampe, da passierte es. Ich bekomme einen gewaltigen Stromschlag. Ich schrie laut, da kommt meine Mutter und zieht den Stecker aus der Steckdose. Ich zitterte am ganzen Körper und fange an zu heulen, weil ich so erschrocken bin. Am Finger und am Fuß habe ich eine Brandverletzung. Da ist der Strom durch mich hindurchgeflossen.
Am Abend sagt mein Vater: „Morgen kaufen wir eine neue Schreibtischlampe."

Bringe den Aufsatz in Ordnung.
Wähle entweder die Vergangenheitsform
oder die Gegenwartsform.

Kopiervorlage 40b: Arbeitsblatt Tabeas Aufsatz

## Tabeas Aufsatz

**1.** Bringe den Aufsatz in Ordnung. Wähle entweder die Vergangenheitsform oder die Gegenwartsform.

Gestern Nachmittag komme ich in mein Zimmer. Ich will meine Hausaufgaben machen. Draußen regnete es. Viele Wolken zogen über den Himmel. In meinem Zimmer ist es ganz dunkel, zu dunkel zum Schreiben. Ich drückte auf den Knopf meiner Schreibtischlampe, da passierte es. Ich bekomme einen gewaltigen Stromschlag. Ich schrie laut, da kommt meine Mutter und zieht den Stecker aus der Steckdose. Ich zitterte am ganzen Körper und fange an zu heulen, weil ich so erschrocken bin. Am Finger und am Fuß habe ich eine Brandverletzung. Da ist der Strom durch mich hindurchgeflossen. Am Abend sagt mein Vater: „Morgen kaufen wir eine neue Schreibtischlampe."

_____
_____
_____
_____
_____
_____
_____
_____
_____
_____
_____
_____

Kopiervorlage 40c: Lösungen zum Arbeitsblatt 40b

## Tabeas Aufsatz

**1.** Bringe den Aufsatz in Ordnung. Wähle entweder die Vergangenheitsform oder die Gegenwartsform.

Gestern Nachmittag komme ich in mein Zimmer. Ich will meine Hausaufgaben machen. Draußen regnete es. Viele Wolken zogen über den Himmel. In meinem Zimmer ist es ganz dunkel, zu dunkel zum Schreiben. Ich drückte auf den Knopf meiner Schreibtischlampe, da passierte es. Ich bekomme einen gewaltigen Stromschlag. Ich schrie laut, da kommt meine Mutter und zieht den Stecker aus der Steckdose. Ich zitterte am ganzen Körper und fange an zu heulen, weil ich so erschrocken bin. Am Finger und am Fuß habe ich eine Brandverletzung. Da ist der Strom durch mich hindurchgeflossen. Am Abend sagt mein Vater: „Morgen kaufen wir eine neue Schreibtischlampe."

Gestern Nachmittag kam ich in mein Zimmer. Ich wollte meine Hausaufgaben machen. Draußen regnete es. Viele Wolken zogen über den Himmel. In meinem Zimmer war es ganz dunkel, zu dunkel zum Schreiben. Ich drückte auf den Knopf meiner Schreibtischlampe, da passierte es. Ich bekam einen gewaltigen Stromschlag. Ich schrie laut, da kam meine Mutter und zog den Stecker aus der Steckdose. Ich zitterte am ganzen Körper und fing an zu heulen, weil ich so erschrocken war. Am Finger und am Fuß hatte ich eine Brandverletzung. Da war der Strom durch mich hindurchgeflossen. Am Abend sagte mein Vater: „Morgen kaufen wir eine neue Schreibtischlampe."

# Di✶ W✶id✶ auf d✶r Stadtmau✶r

Auf d✶r Stadtmau✶r von Schwarz✶nborn wuchs
wund✶rschön✶s Gras, bish✶r war ✶s ung✶nutzt v✶rtrockn✶t.
„Uns✶r✶m Stadtbull✶n würd✶ ✶s b✶stimmt gut
schm✶ck✶n", m✶int✶ j✶mand. „Wir müsst✶n ihn nur dort
ob✶n hinschaff✶n. Am b✶st✶n, wir zi✶h✶n ihn an ✶in✶m
Strick nach ob✶n." ✶in paar kräftig✶ L✶ut✶ schlang✶n d✶m
Bull✶n ✶in S✶il um d✶n Hals und kl✶tt✶rt✶n auf di✶
Mau✶r. Si✶ zog✶n aus L✶ib✶skräft✶n und bracht✶n d✶n
Bull✶n langsam in di✶ Höh✶. Dab✶i zog d✶r Strick d✶m
arm✶n Ti✶r ab✶r d✶n Hals zu, sodass ✶s di✶ Zung✶
h✶rausstr✶ckt✶. „✶r l✶ckt schon nach d✶m schön✶n Gras",
ri✶f✶n di✶ L✶ut✶. Als si✶ d✶n Bull✶n ✶ndlich ob✶n hatt✶n,
r✶gt✶ ✶r sich nicht m✶hr, ✶r war tot. Und das schön✶ Gras
bli✶b w✶it✶rhin ung✶nutzt auf d✶r Stadtmau✶r st✶h✶n.

Jedes e ist durch ein ✶ ersetzt. Lies den Text.

Kopiervorlage 41b: Arbeitsblatt Di✶ W✶id✶ auf d✶r Stadtmau✶r

## Di✶ W✶id✶ auf d✶r Stadtmau✶r

1. Jedes e ist durch ein ✶ ersetzt. Lies den Text.
   Schreibe ihn dann richtig ab.

   Auf d✶r Stadtmau✶r von Schwarz✶nborn wuchs
   wund✶rschön✶s Gras, bish✶r war ✶s ung✶nutzt
   v✶rtrockn✶t. „Uns✶r✶m Stadtbull✶n würd✶ ✶s
   b✶stimmt gut schm✶ck✶n", m✶int✶ j✶mand.
   „Wir müsst✶n ihn nur dort ob✶n hinschaff✶n. Am
   b✶st✶n, wir zi✶h✶n ihn an ✶in✶m Strick nach ob✶n." ✶in paar kräftig✶ L✶ut✶
   schlang✶n d✶m Bull✶n ✶in S✶il um d✶n Hals und kl✶tt✶rt✶n auf di✶ Mau✶r.
   Si✶ zog✶n aus L✶ib✶skräft✶n und bracht✶n d✶n Bull✶n langsam in di✶ Höh✶.
   Dab✶i zog d✶r Strick d✶m arm✶n Ti✶r ab✶r d✶n Hals zu, sodass ✶s di✶ Zung✶
   h✶rausstr✶ckt✶. „✶r l✶ckt schon nach d✶m schön✶n Gras", ri✶f✶n di✶ L✶ut✶.
   Als si✶ d✶n Bull✶n ✶ndlich ob✶n hatt✶n, r✶gt✶ ✶r sich nicht m✶hr, ✶r war tot.
   Und das schön✶ Gras bli✶b w✶it✶rhin ung✶nutzt auf d✶r Stadtmau✶r st✶h✶n.

   _____
   _____
   _____
   _____
   _____
   _____
   _____
   _____
   _____
   _____
   _____
   _____

Kopiervorlage 41c: Lösungen zum Arbeitsblatt 41b

# Di✶ W✶id✶ auf d✶r Stadtmau✶r

**1.** Jedes e ist durch ein ✶ ersetzt. Lies den Text. Schreibe ihn dann richtig ab.

Auf d✶r Stadtmau✶r von Schwarz✶nborn wuchs wund✶rschön✶s Gras, bish✶r war ✶s ung✶nutzt v✶rtrockn✶t. „Uns✶r✶m Stadtbull✶n würd✶ ✶s b✶stimmt gut schm✶ck✶n", m✶int✶ j✶mand. „Wir müsst✶n ihn nur dort ob✶n hinschaff✶n. Am b✶st✶n, wir zi✶h✶n ihn an ✶in✶m Strick nach ob✶n." ✶in paar kräftig✶ L✶ut✶ schlang✶n d✶m Bull✶n ✶in S✶il um d✶n Hals und kl✶tt✶rt✶n auf di✶ Mau✶r. Si✶ zog✶n aus L✶ib✶skräft✶n und bracht✶n d✶n Bull✶n langsam in di✶ Höh✶. Dab✶i zog d✶r Strick d✶m arm✶n Ti✶r ab✶r d✶n Hals zu, sodass ✶s di✶ Zung✶ h✶rausstr✶ckt✶. „✶r l✶ckt schon nach d✶m schön✶n Gras", ri✶f✶n di✶ L✶ut✶. Als si✶ d✶n Bull✶n ✶ndlich ob✶n hatt✶n, r✶gt✶ ✶r sich nicht m✶hr, ✶r war tot. Und das schön✶ Gras bli✶b w✶it✶rhin ung✶nutzt auf d✶r Stadtmau✶r st✶h✶n.

---

Die Weide auf der Stadtmauer

Auf der Stadtmauer von Schwarzenborn wuchs wunderschönes Gras, bisher war es ungenutzt vertrocknet. „Unserem Stadtbullen würde es bestimmt gut schmecken", meinte jemand. „Wir müssten ihn nur dort oben hinschaffen. Am besten, wir ziehen ihn an einem Strick nach oben." Ein paar kräftige Leute schlangen dem Bullen ein Seil um den Hals und kletterten auf die Mauer. Sie zogen aus Leibeskräften und brachten den Bullen langsam in die Höhe. Dabei zog der Strick dem armen Tier aber den Hals zu, sodass es die Zunge herausstreckte. „Er leckt schon nach dem schönen Gras", riefen die Leute. Als sie den Bullen endlich oben hatten, regte er sich nicht mehr, er war tot. Und das schöne Gras blieb weiterhin ungenutzt auf der Stadtmauer stehen.

Kopiervorlage 42a: Tafelbild/Folienbild Marcs Beet und das Loch im Gartenzaun

## Marcs Beet und das Loch im Gartenzaun

Marc <u>hat</u> ein Beet im Garten. Es <u>gehört</u> ihm allein. Marc <u>darf</u> bestimmen, was dort wachsen soll. Karotten sind Marcs Leibspeise. Deswegen <u>sät</u> er Karotten aus. Vier Wochen vergehen. Jetzt erst kommen kleine Pflänzchen aus der Erde. Marc <u>gießt</u> jeden Tag. Die jungen Möhren wachsen prächtig. Eines Morgens aber ist das Unglück da. Marc <u>sieht</u> noch den Übeltäter weghuschen. Alle Möhrenpflanzen sind <u>abgebissen</u>. Durch ein Loch im Gartenzaun ist ein Kaninchen herein <u>gekommen</u>. Früher als Marc <u>hat</u> es sich die Pflänzchen schmecken lassen.

Bestimme die Grundformen der unterstrichenen Wörter.

Kopiervorlage 42b: Arbeitsblatt Marcs Beet und das Loch im Gartenzaun

## Marcs Beet und das Loch im Gartenzaun

1. Schreibe den Text in dein Heft und finde dann die Grundformen der unterstrichenen Wörter.
   hat – haben; gehört – gehören …

Marc hat ein Beet im Garten. Es gehört ihm allein. Marc darf bestimmen, was dort wachsen soll. Karotten sind Marcs Leibspeise. Deswegen sät er Karotten aus. Vier Wochen vergehen. Jetzt erst kommen kleine Pflänzchen aus der Erde. Marc gießt jeden Tag. Die jungen Möhren wachsen prächtig. Eines Morgens aber ist das Unglück da. Marc sieht noch den Übeltäter weghuschen. Alle Möhrenpflanzen sind abgebissen. Durch ein Loch im Gartenzaun ist ein Kaninchen herein gekommen. Früher als Marc hat es sich die Pflänzchen schmecken lassen.

Kopiervorlage 42c: Lösungen zum Arbeitsblatt 42b

### Marcs Beet und das Loch im Gartenzaun

1. Schreibe den Text in dein Heft und finde dann die Grundformen der unterstrichenen Wörter.
   hat – haben; gehört – gehören …

Marc hat ein Beet im Garten. Es gehört ihm allein. Marc darf bestimmen, was dort wachsen soll. Karotten sind Marcs Leibspeise. Deswegen sät er Karotten aus. Vier Wochen vergehen. Jetzt erst kommen kleine Pflänzchen aus der Erde. Marc gießt jeden Tag. Die jungen Möhren wachsen prächtig. Eines Morgens aber ist das Unglück da. Marc sieht noch den Übeltäter weghuschen. Alle Möhrenpflanzen sind abgebissen. Durch ein Loch im Gartenzaun ist ein Kaninchen herein gekommen. Früher als Marc hat es sich die Pflänzchen schmecken lassen.

hat – haben
gehört – gehören
darf – dürfen
sät – säen
gießt – gießen
sieht – sehen
abgebissen – abbeißen
gekommen – kommen
hat – haben

Kopiervorlage 43a: Tafelbild/Folienbild d oder t am Schluss

## d oder t am Schluss

Ob **d** oder **t** am Schluss stehen muss, kannst du nicht hören.
Du kannst es aber trotzdem herausfinden.
Verlängere das Wort:

der Berich*t* – die Berich*te*;
der Or*t* – die Or*te*;
das Gol*d* – gol*dig*

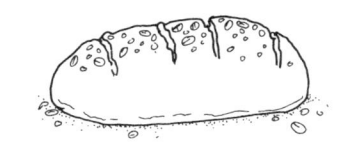

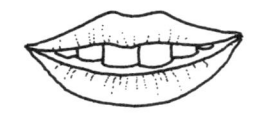

der Berich__, der Gur__, der Or__, der Wir__,

das Wor__, die Mag__, der Stif__, der Ran__,

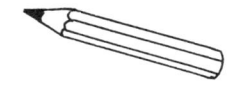

die Wan__, die Überschrif__, das Bil__, das Gol__,

der Mon__, der Aben__, die Gegen__, der Mun__,

der Elefan__, der Wal__, das Kin__, das Fel__,

das Schil__, der San__, der Bar__, das Lan__,

das Bee__, die Hau__, die Wu__, der Win__,

das Ban__, das Bro__, die Gedul__, das Ra__

Stelle fest, wo am Schluss ein **d** oder ein **t** stehen muss.

Kopiervorlage 43b: Arbeitsblatt d oder t am Schluss

## d oder t am Schluss

1. Stelle fest, wo am Schluss ein **d** oder ein **t** stehen muss. Ergänze. Schreibe dann zu jedem Wort einen Satz.

> Ob **d** oder **t** am Schluss stehen muss, kannst du nicht hören. Du kannst es aber trotzdem herausfinden. Verlängere das Wort:
> der Berich_t_ – die Berich_t_e;
> der Or_t_ – die Or_t_e; das Gol_d_ – gol_d_ig

der Berich__, der Gur__, der Or__,

der Wir__, das Wor__, die Mag__,

der Stif__, der Ran__, die Wan__, die Überschrif__, das Bil__,

das Gol__, der Mon__, der Aben__, die Gegen__, der Mun__,

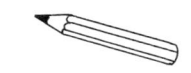

der Elefan__, der Wal__, das Kin__, das Fel__, das Schil__, der San__,

der Bar__, das Lan__, das Bee__, die Hau__, die Wu__, der Win__,

das Ban__, das Bro__, die Gedul__, das Ra__

134

Kopiervorlage 43c: Lösungen zum Arbeitsblatt 43b

## d oder t am Schluss

1. Stelle fest, wo am Schluss ein **d** oder ein **t** stehen muss. Ergänze. Schreibe dann zu jedem Wort einen Satz.

> Ob **d** oder **t** am Schluss stehen muss, kannst du nicht hören. Du kannst es aber trotzdem herausfinden. Verlängere das Wort:
> der Berich_t_ – die Berich_t_e;
> der Or_t_ – die Or_t_e; das Gol_d_ – gol_d_ig

der Berich**t**, der Gur**t**, der Or**t**,

der Wir**t**, das Wor**t**, die Mag**d**,

der Stif**t**, der Ran**d**, die Wan**d**, die Überschrif**t**, das Bil**d**,

das Gol**d**, der Mon**d**, der Aben**d**, die Gegen**d**, der Mun**d**,

der Elefan**t**, der Wal**d**, das Kin**d**, das Fel**d**, das Schil**d**, der San**d**,

der Bar**t**, das Lan**d**, das Bee**t**, die Hau**t**, die Wu**t**, der Win**d**,

das Ban**d**, das Bro**t**, die Gedul**d**, das Ra**d**

_Individuelle Lösungen._

## Frau Maus schreibt einen Brief an Frau Katze

Liebe Frau Katze, wie geht es _____? Ich habe gehört, dass _____ beiden Kinder jetzt herangewachsen sind und die Scheune verlassen haben.

Ich hoffe, dass _____ Trauer über den Auszug _____ Kinder bald ein Ende haben wird. Liebe Frau Katze, wie geht es _____ linken Vorderbein? Leider war _____ der Bauer mit dem Traktor darüber gefahren. Wie unklug von _____ zwischen den Reifen herumzulaufen.

Ist es _____ immer noch nicht möglich zu rennen und zu springen? Das tut mir leid für Sie. Ich hoffe, _____ Zustand wird sich bald bessern. Bis dahin grüßt Sie herzlich _____ Frau Maus.

PS: Schonen Sie bitte _____ verletzten Fuß.
Ich habe inzwischen 16 Kinder bekommen.

Setze **Ihr, Ihre, Ihrer, Ihren, Ihrem** und **Ihnen** ein.

Kopiervorlage 44b: Arbeitsblatt Frau Maus schreibt einen Brief an Frau Katze

## Frau Maus schreibt einen Brief an Frau Katze

1. Schreibe den Brief ab und setze **Ihr, Ihre, Ihrer, Ihren, Ihrem** und **Ihnen** ein.

Liebe Frau Katze, wie geht es ___?
Ich habe gehört, dass ___ beiden Kinder jetzt herangewachsen sind und die Scheune verlassen haben. Ich hoffe, dass ___ Trauer über den Auszug ___ Kinder bald ein Ende haben wird. Liebe Frau Katze, wie geht es ___ linken Vorderbein? Leider war ___ der Bauer mit dem Traktor darüber gefahren. Wie unklug von ___ zwischen den Reifen herumzulaufen. Ist es ___ immer noch nicht möglich zu rennen und zu springen? Das tut mir leid für Sie. Ich hoffe, ___ Zustand wird sich bald bessern. Bis dahin grüßt Sie herzlich ___ Frau Maus.
PS: Schonen Sie bitte ___ verletzten Fuß. Ich habe inzwischen 16 Kinder bekommen.

Kopiervorlage 44c: Lösungen zum Arbeitsblatt 44b

## Frau Maus schreibt einen Brief an Frau Katze

**1.** Schreibe den Brief ab und setze **Ihr, Ihre, Ihrer, Ihren, Ihrem** und **Ihnen** ein.

Liebe Frau Katze, wie geht es ___? Ich habe gehört, dass ___ beiden Kinder jetzt herangewachsen sind und die Scheune verlassen haben. Ich hoffe, dass ___ Trauer über den Auszug ___ Kinder bald ein Ende haben wird. Liebe Frau Katze, wie geht es ___ linken Vorderbein? Leider war ___ der Bauer mit dem Traktor darüber gefahren. Wie unklug von ___ zwischen den Reifen herumzulaufen. Ist es ___ immer noch nicht möglich zu rennen und zu springen? Das tut mir leid für Sie. Ich hoffe, ___ Zustand wird sich bald bessern. Bis dahin grüßt Sie herzlich ___ Frau Maus.
PS: Schonen Sie bitte ___ verletzten Fuß. Ich habe inzwischen 16 Kinder bekommen.

---

Frau Maus schreibt einen Brief an Frau Katze

Liebe Frau Katze, wie geht es Ihnen? Ich habe gehört, dass Ihre beiden Kinder jetzt herangewachsen sind und die Scheune verlassen haben. Ich hoffe, dass Ihre Trauer über den Auszug Ihrer Kinder bald ein Ende haben wird. Liebe Frau Katze, wie geht es Ihrem linken Vorderbein? Leider war Ihnen der Bauer mit dem Traktor darüber gefahren. Wie unklug von Ihnen zwischen den Reifen herumzulaufen. Ist es Ihnen immer noch nicht möglich zu rennen und zu springen? Das tut mir leid für Sie. Ich hoffe, Ihr Zustand wird sich bald bessern. Bis dahin grüßt Sie herzlich Ihre Frau Maus.
PS: Schonen Sie bitte Ihren verletzten Fuß. Ich habe inzwischen 16 Kinder bekommen.

Kopiervorlage 45a: Tafelbild/Folienbild Schl und schw

## Schl und schw

Bei Schalbe und Schange stimmt was nicht.

das Sch__ein, die Sch__euder, die Sch__eife; das Sch__oss,

der Pferdesch__anz, die Sch__albe, die Sch__ange,

der Sch__eier, sch__au, sch__er, sch__ach, sch__echt, sch__ül,

sch__arz, sch__ören, sch__üpfen, sch__afen, sch__eichen,

sch__eigen, der Sch__ager, der Sch__afanzug, sch__agen,

sch__imm, der Sch__ung, sch__ank, sch__enken, sch__eben,

sch__ucken, sch__ürfen, das Sch__immbad, sch__echt,

Setze **w** oder **l** in die Wörter ein.

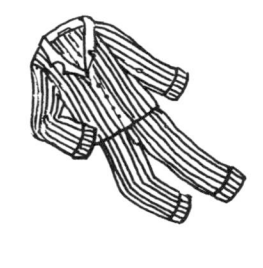

Kopiervorlage 45b: Arbeitsblatt Schl und schw

## Schl und schw

1. Bei Schalbe und Schange stimmt was nicht.
   Setze **w** oder **l** in die Wörter ein.

   das Sch_ein, die Sch_euder, die Sch_eife; das Sch_oss, der Pferdesch_anz,
   die Sch_albe, die Sch_ange, der Sch_eier, sch_au, sch_er, sch_ach, sch_echt,
   sch_ül, sch_arz, sch_ören, sch_üpfen, sch_afen, sch_eichen, sch_eigen,
   der Sch_ager, der Sch_afanzug, sch_agen, sch_imm, der Sch_ung, sch_ank,
   sch_enken, sch_eben, sch_ucken, sch_ürfen, das Sch_immbad, sch_echt

2. Bilde zu jedem Wort einen Satz. Schreibe in dein Heft.

Kopiervorlage 45c: Lösungen zum Arbeitsblatt 45b

## Schl und schw

**1.** Bei Schalbe und Schange stimmt was nicht.
Setze **w** oder **l** in die Wörter ein.

das Sch_ein, die Sch_euder, die Sch_eife; das Sch_oss, der Pferdesch_anz,
die Sch_albe, die Sch_ange, der Sch_eier, sch_au, sch_er, sch_ach, sch_echt,
sch_ül, sch_arz, sch_ören, sch_üpfen, sch_afen, sch_eichen, sch_eigen,
der Sch_ager, der Sch_afanzug, sch_agen, sch_imm, der Sch_ung, sch_ank,
sch_enken, sch_eben, sch_ucken, sch_ürfen, das Sch_immbad, sch_echt

**2.** Bilde zu jedem Wort einen Satz. Schreibe in dein Heft.

das Schwein, die Schleuder, die Schleife, das Schloss,

der Pferdeschwanz, die Schwalbe, die Schlange, der Schleier,

schlau, schwer, schwach, schlecht, schwül, schwarz, schwören,

schlüpfen, schlafen, schleichen, schweigen, der Schlager,

der Schlafanzug, schlagen, schlimm, der Schwung, schlank,

schwenken, schweben, schlucken, schlürfen, das Schwimmbad,

schlecht

Für die Sätze: Individuelle Lösung.

## Nach „zum" und „beim" – aufgepasst!

laufen – Füße; essen – nicht reden; wandern – Wanderschuhe;
fernsehen – Brille; schlafen – Bett; kochen – sich verbrannt;
malen – sich bekleckst; sägen – sich verletzt;
trinken – sich verschluckt; putzen – von der Leiter gefallen;
abtrocknen – Handtuch; schwimmen – Badehose/Badeanzug;
turnen – Arm verrenkt; rechnen – viele Fehler gemacht;
spielen – nicht auf die Zeit geachtet;
aufräumen – vermisste Bücher gefunden;
basteln – Bastelklebstoff verwenden; gießen – Gießkanne

Forme Sätze mit **„zum"** und **„beim"**.

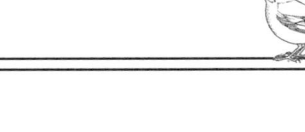

**Achtung!**
Nach **„zum"** und **„beim"** werden Tunwörter (Verben) großgeschrieben.

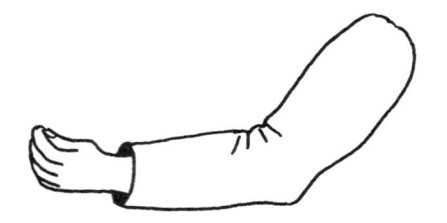

Kopiervorlage 46b: Arbeitsblatt Nach „zum" und „beim" – aufgepasst!

# Nach „zum" und „beim" – aufgepasst!

**1.** Forme Sätze mit **„zum"** und **„beim"** und schreibe sie auf.

> **Achtung!**
> Nach **„zum"** und **„beim"** werden Tunwörter (Verben) großgeschrieben.

laufen – Füße; essen – nicht reden;
wandern – Wanderschuhe; fernsehen – Brille;
schlafen – Bett; kochen – sich verbrannt;
malen – sich bekleckst; sägen – sich verletzt; trinken – sich verschluckt;
putzen – von der Leiter gefallen; abtrocknen – Handtuch;
schwimmen – Badehose/Badeanzug; turnen – Arm verrenkt;
rechnen – viele Fehler gemacht; spielen – nicht auf die Zeit geachtet;
aufräumen – vermisste Bücher gefunden; basteln – Bastelklebstoff verwenden;
gießen – Gießkanne

Kopiervorlage 46c: Lösungen zum Arbeitsblatt 46b

## Nach „zum" und „beim" – aufgepasst!

1. Forme Sätze mit **„zum"** und **„beim"** und schreibe sie auf.

**Achtung!**
Nach **„zum"** und **„beim"** werden Tunwörter (Verben) großgeschrieben.

laufen – Füße; essen – nicht reden;
wandern – Wanderschuhe; fernsehen – Brille;
schlafen – Bett; kochen – sich verbrannt;
malen – sich bekleckst; sägen – sich verletzt; trinken – sich verschluckt;
putzen – von der Leiter gefallen; abtrocknen – Handtuch;
schwimmen – Badehose/Badeanzug; turnen – Arm verrenkt;
rechnen – viele Fehler gemacht; spielen – nicht auf die Zeit geachtet;
aufräumen – vermisste Bücher gefunden; basteln – Bastelklebstoff verwenden;
gießen – Gießkanne

Zum Laufen braucht man gesunde Füße. Zum Wandern benötigt man Wanderschuhe. Beim Fernsehen setzt Oma ihre Brille auf. Zum Schlafen legt man sich ins Bett. Ich habe mich beim Kochen verbrannt. Arne hat sich beim Malen bekleckst. Er hat sich beim Sägen verletzt. Du hast dich beim Trinken verschluckt. Mutter ist beim Putzen von der Leiter gefallen. Nimm dir zum Abtrocknen ein frisches Handtuch. Vergiss zum Schwimmen die Badehose nicht. Er hat sich beim Turnen den Arm verrenkt. Du hast beim Rechnen viele Fehler gemacht. Wir haben beim Spielen nicht auf die Zeit geachtet. Beim Aufräumen habe ich meine vermissten Bücher gefunden. Zum Basteln muss man Bastelklebstoff verwenden. Zum Gießen nimmt man die Gießkanne.

## Das Super-Rad

Du hast ein Super-Rad gebaut, das sowohl schwimmen als auch fliegen kann. Du gehst damit auf eine abenteuerliche Reise. Du musst viele Gefahren überstehen.
Denke dir unglaubliche Erlebnisse und Abenteuer aus!

Kopiervorlage 47b: Arbeitsblatt Das Super-Rad

## Das Super-Rad

1. Du hast ein Super-Rad gebaut, das sowohl schwimmen als auch fliegen kann. Du gehst damit auf eine abenteuerliche Reise. Du musst viele Gefahren überstehen. Denke dir unglaubliche Erlebnisse und Abenteuer aus! Schreibe darüber eine Geschichte.

Kopiervorlage 47c: Lösungen zum Arbeitsblatt 47b

## Das Super-Rad

**1.** Du hast ein Super-Rad gebaut, das sowohl schwimmen als auch fliegen kann. Du gehst damit auf eine abenteuerliche Reise. Du musst viele Gefahren überstehen. Denke dir unglaubliche Erlebnisse und Abenteuer aus! Schreibe darüber eine Geschichte.

*Individuelle Lösung.*

## ✶in vorsichtig✶r Träum✶r

✶in M♦nn b✶sucht✶ ✶in✶s ♦b✶nds ✶in✶n Fr✶und.
D✶r l♦g schon im B✶tt; trotzd✶m ri✶f ✶r d✶n B✶such✶r
zu sich ins Schl♦fzimm✶r. D✶r B✶such✶r w♦r ✶rst♦unt,
d♦ss s✶in Fr✶und P♦ntoff✶ln ♦n d✶n Füß✶n h♦tt✶, obwohl
✶r doch im B✶tt l♦g. „W♦rum trägst du d✶nn
im B✶tt P♦ntoff✶ln?", fr♦gt✶ ✶r, „w✶nn du k♦lt✶ Füß✶
h♦st, ist d♦für ✶in✶ Wärmfl♦sch✶ doch vi✶l b✶ss✶r."
„Ich k♦nn v✶rst✶h✶n, d♦ss du dich wund✶rst", ♦ntwort✶t✶
d✶r M♦nn. „Ich h♦b✶ ✶inm♦l g✶träumt,
ich wär✶ b♦rfuß in ✶in✶ Sch✶rb✶ g✶tr✶t✶n. D♦b✶i h♦tt✶
ich furchtb♦r✶ Schm✶rz✶n in m✶in✶m Fuß.
Und s✶itd✶m zi✶h✶ ich ♦b✶nds P♦ntoff✶ln im B✶tt ♦n,
d♦mit mir so ✶tw♦s nicht noch ✶inm♦l p♦ssi✶rt."

Jedes **e** ist durch ein ✶ ersetzt, jedes **a** durch ein ♦.
Lies den Text.

Kopiervorlage 48b: Arbeitsblatt *in vorsichtig*r Träum*r

## *in vorsichtig*r Träum*r

**1.** Jedes **e** ist durch ein ✶ ersetzt, jedes **a** durch ein ♦. Lies den Text. Schreibe ihn richtig auf.

*in M♦nn b*sucht* *in*s ♦b*nds *in*n Fr*und. D*r l♦g schon im B*tt; trotzd*m ri*f *r d*n B*such*r zu sich ins Schl♦fzimm*r. D*r B*such*r w♦r *rst♦unt, d♦ss s*in Fr*und P♦ntoff*ln ♦n d*n Füß*n h♦tt*, obwohl *r doch im B*tt l♦g. „W♦rum trägst du d*nn im B*tt P♦ntoff*ln?", fr♦gt* *r, „w*nn du k♦lt* Füß* h♦st, ist d♦für *in* Wärmfl♦sch* doch vi*l b*ss*r."

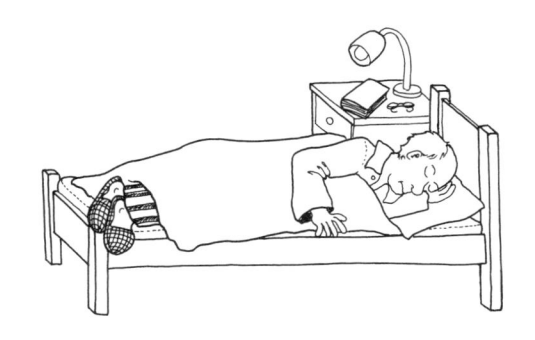

„Ich k♦nn v*rst*h*n, d♦ss du dich wund*rst", ♦ntwort*t* d*r M♦nn. „Ich h♦b* *inm♦l g*träumt, ich wär* b♦rfuß in *in* Sch*rb* g*tr*t*n. D♦b*i h♦tt* ich furchtb♦r* Schm*rz*n in m*in*m Fuß. Und s*itd*m zi*h* ich ♦b*nds P♦ntoff*ln im B*tt ♦n, d♦mit mir so *tw♦s nicht noch *inm♦l p♦ssi*rt."

Kopiervorlage 48c: Lösungen zum Arbeitsblatt 48b

## ✶in vorsichtig✶r Träum✶r

**1.** Jedes **e** ist durch ein ✶ ersetzt, jedes **a** durch ein ♦. Lies den Text. Schreibe ihn richtig auf.

✶in M♦nn b✶sucht✶ ✶in✶s ♦b✶nds ✶in✶n Fr✶und. D✶r l♦g schon im B✶tt; trotzd✶m ri✶f ✶r d✶n B✶such✶r zu sich ins Schl♦fzimm✶r. D✶r B✶such✶r w♦r ✶rst♦unt, d♦ss s✶in Fr✶und P♦ntoff✶ln ♦n d✶n Füß✶n h♦tt✶, obwohl ✶r doch im B✶tt l♦g. „W♦rum trägst du d✶nn im B✶tt P♦ntoff✶ln?", fr♦gt✶ ✶r, „w✶nn du k♦lt✶ Füß✶ h♦st, ist d♦für ✶in✶ Wärmfl♦sch✶ doch vi✶l b✶ss✶r."
„Ich k♦nn v✶rst✶h✶n, d♦ss du dich wund✶rst", ♦ntwort✶t✶ d✶r M♦nn. „Ich h♦b✶ ✶inm♦l g✶träumt, ich wär✶ b♦rfuß in ✶in✶ Sch✶rb✶ g✶tr✶t✶n. D♦b✶i h♦tt✶ ich furchtb♦r✶ Schm✶rz✶n in m✶in✶m Fuß. Und s✶itd✶m zi✶h✶ ich ♦b✶nds P♦ntoff✶ln im B✶tt ♦n, d♦mit mir so ✶tw♦s nicht noch ✶inm♦l p♦ssi✶rt."

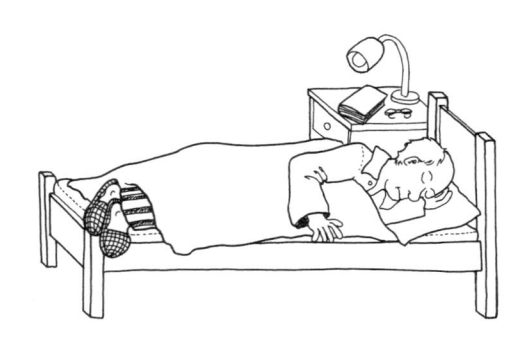

Ein vorsichtiger Träumer

Ein Mann besuchte eines abends einen Freund. Der lag schon im Bett; trotzdem rief er den Besucher zu sich ins Schlafzimmer. Der Besucher war erstaunt, dass sein Freund Pantoffeln an den Füßen hatte, obwohl er doch im Bett lag. „Warum trägst du denn im Bett Pantoffeln?", fragte er, „wenn du kalte Füße hast, ist dafür eine Wärmflasche doch viel besser." „Ich kann verstehen, dass du dich wunderst", antwortete der Mann. „Ich habe einmal geträumt, ich wäre barfuß in eine Scherbe getreten. Dabei hatte ich furchtbare Schmerzen in meinem Fuß. Und seitdem ziehe ich abends Pantoffeln im Bett an, damit mir so etwas nicht noch einmal passiert.

## Kan◆nch*njagd

*◆n Jäg*r wollt* w◆ld* Kan◆nch*n jag*n. *r hatt* *◆n*n N*ff*n, d*r so klug war, dass *r Lat*◆n◆sch spr*ch*n konnt*. D*r wollt* b*◆ d*r Jagd dab*◆ s*◆n. „◆ch hab* n◆chts dag*g*n", sagt* d*r Jäg*r. „Ab*r b*◆ d*r Jagd darfst du n◆chts r*d*n. D◆* T◆*r* soll*n n◆cht m*rk*n, dass w◆r komm*n." Drauß*n ◆m F*ld sah d*r Jung* plötzl◆ch v◆*l* W◆ldkan◆nch*n. Aufg*r*gt r◆*f *r: „*cc*, mult◆ cun◆cul◆!" Das ◆st Lat*◆n◆sch und h**ßt: „S◆*h dort, v◆*l* Kan◆nch*n!" Als d◆* T◆*r* d◆* Ruf* hört*, v*rschwand*n s◆* sofort ◆n ◆hr*m Bau. „Du sollt*st doch n◆cht r*d*n", sch◆mpft* d*r Onk*l zorn◆g. D*r N*ff* antwort*t*: „◆ch konnt* doch n◆cht w◆ss*n, dass d◆*s* Kan◆nch*n Lat*◆n◆sch v*rst*h*n."

Jedes **e** ist durch ein ∗ ersetzt, jedes **i** durch ein ◆.
Lies den Text.

Kopiervorlage 49b: Arbeitsblatt Kan◆nch∗njagd

# Kan◆nch∗njagd

1. Jedes e ist durch ein ∗ ersetzt, jedes i durch ein ◆. Lies den Text.
   Schreibe ihn dann richtig ab.

∗◆n Jäg∗r wollt∗ w◆ld∗ Kan◆nch∗n jag∗n. ∗r hatt∗ ∗◆n∗n N∗ff∗n, d∗r so klug war, dass ∗r Lat∗◆n◆sch spr∗ch∗n konnt∗. D∗r wollt∗ b∗◆ d∗r Jagd dab∗◆ s∗◆n. „◆ch hab∗ n◆chts dag∗g∗n", sagt∗ d∗r Jäg∗r. „Ab∗r b∗◆ d∗r Jagd darfst du n◆chts r∗d∗n. D◆∗ T◆∗r∗ soll∗n n◆cht m∗rk∗n, dass w◆r komm∗n." Drauß∗n ◆m F∗ld sah d∗r Jung∗ plötzl◆ch v◆∗l∗ W◆ldkan◆nch∗n. Aufg∗r∗gt r◆∗f ∗r: „∗cc∗, mult◆ cun◆cul◆!" Das ◆st Lat∗◆n◆sch und h∗◆ßt: „S∗∗h dort, v◆∗l∗ Kan◆nch∗n!" Als d◆∗ T◆∗r∗ d◆∗ Ruf∗ hört∗n, v∗rschwand∗n s◆∗ sofort ◆n ◆hr∗m Bau. „Du sollt∗st doch n◆cht r∗d∗n", sch◆mpft∗ d∗r Onk∗l zorn◆g. D∗r N∗ff∗ antwort∗t∗: „◆ch konnt∗ doch n◆cht w◆ss∗n, dass d◆∗s∗ Kan◆nch∗n Lat∗◆n◆sch v∗rst∗h∗n."

152

Kopiervorlage 49c: Lösungen zum Arbeitsblatt 49b

## Kan♦nch*njagd

1. Jedes e ist durch ein * ersetzt, jedes i durch ein ♦. Lies den Text.
   Schreibe ihn dann richtig ab.

*♦n Jäg*r wollt* w*ld* Kan♦nch*n jag*n. *r hatt* *♦n*n N*ff*n, d*r so klug war, dass *r Lat*♦n*sch spr*ch*n konnt*. D*r wollt* b*♦ d*r Jagd dab*♦ s*♦n. „♦ch hab* n♦chts dag*g*n", sagt* d*r Jäg*r. „Ab*r b*♦ d*r Jagd darfst du n♦chts r*d*n. D♦* T♦*r* soll*n n♦cht m*rk*n, dass w*r komm*n." Drauß*n ♦m F*ld sah d*r Jung* plötzl♦ch v♦*l* W*ldkan♦nch*n. Aufg*r*gt r♦*f *r: „*cc*, mult♦ cun♦cul♦!" Das ♦st Lat*♦n*sch und h*♦ßt: „S*♦h dort, v♦*l* Kan♦nch*n!" Als d♦* T♦*r* d♦* Ruf* hört*n, v*rschwand*n s♦* sofort ♦n ♦hr*m Bau. „Du sollt*st doch n♦cht r*d*n", sch♦mpft* d*r Onk*l zorn♦g. D*r N*ff* antwort*t*: „♦ch konnt* doch n♦cht w♦ss*n, dass d♦*s* Kan♦nch*n Lat*♦n*sch v*rst*h*n."

---

Kaninchenjagd

Ein Jäger wollte wilde Kaninchen jagen. Er hatte einen Neffen, der so klug war, dass er Lateinisch sprechen konnte. Der wollte bei der Jagd dabei sein. „Ich habe nichts dagegen", sagte der Jäger. „Aber bei der Jagd darfst du nichts reden. Die Tiere sollen nicht merken, dass wir kommen." Draußen im Feld sah der Junge plötzlich viele Wildkaninchen. Aufgeregt rief er: „Ecce, multi cuniculi!" Das ist Lateinisch und heißt: „Sieh dort, viele Kaninchen!" Als die Tiere die Rufe hörten, verschwanden sie sofort in ihrem Bau. „Du solltest doch nicht reden", schimpfte der Onkel zornig. Der Neffe antwortete: „Ich konnte doch nicht wissen, dass diese Kaninchen Lateinisch verstehen."

Kopiervorlage 50a: Tafelbild/Folienbild Hxnnchyns Trxum vom Glück

## Hxnnchyns Trxum vom Glück

Hxnnchyn hxtt fünf Yiyr im Korb. „Diy lxssy ich von yinyr Hynny xusbrütyn", dxchty dxs Mädchyn. „Diy fünf Hühnyr lygyn wiydyr Yiyr und brütyn siy xus. Für diy viylyn Hühnyr bykommy ich yin Fyrkyl. Dxs wird yin Schwyin und bykommt wiydyr Fyrkyl. Diy vyrkxufy ich. Dxs Gyld ryicht für yin Kälbchyn. Dxs Kälbchyn wird yiny Kuh. Diy bykommt wiydyr Kälbyr. Diy vyrkxufy ich xuch xlly. Von dym Gyld kriygy ich yin hübschys Häuschyn. Dxnn bin ich yiny ryichy Frxu. Juhuu!", schriy Hxnnchyn und mxchty yinyn Luftsprung vor Fryudy. Dxbyi liyß siy dyn Korb mit dyn Yiyrn fxllyn – und mit dyn Yiyrn wxryn xuch diy Hühnyr, diy Fyrkyl, diy Kälbyr und dxs Häuschyn dxhin. Mxn soll ybyn nicht zu früh „Juhuu!" schryiyn.

Jedes **e** ist durch ein **y** ersetzt, jedes **a** durch ein **x**.
Lies den Text.

Kopiervorlage 50b: Arbeitsblatt Hxnnchyns Trxum vom Glück

## Hxnnchyns Trxum vom Glück

1. Jedes **e** ist durch ein **y** ersetzt, jedes **a** durch ein **x**. Lies den Text. Schreibe ihn richtig auf.

Hxnnchyn hxtte fünf Yiyr im Korb. „Diy lxssy ich von yinyr Hynny xusbrütyn", dxchty dxs Mädchyn. „Diy fünf Hühnyr lygyn wiydyr Yiyr und brütyn siy xus. Für diy viylyn Hühnyr bykommy ich yin Fyrkyl. Dxs wird yin Schwyin und bykommt wiydyr Fyrkyl. Diy vyrkxufy ich. Dxs Gyld ryicht für yin Kälbchyn. Dxs Kälbchyn wird yiny Kuh. Diy bykommt wiydyr Kälbyr. Diy vyrkxufy ich xuch xlly. Von dym Gyld kriygy ich yin hübschys Häuschyn. Dxnn bin ich yiny ryichy Frxu. „Juhuu!", schriy Hxnnchyn und mxchty yinyn Luftsprung vor Fryudy. Dxbyi liyß siy dyn Korb mit dyn Yiyrn fxllyn – und mit dyn Yiyrn wxryn xuch diy Hühnyr, diy Fyrkyl, diy Kälbyr und dxs Häuschyn dxhin. Mxn soll ybyn nicht zu früh „Juhuu!" schryiyn.

Kopiervorlage 50c: Lösungen zum Arbeitsblatt 50b

### Hxnnchyns Trxum vom Glück

**1.** Jedes **e** ist durch ein **y** ersetzt, jedes **a** durch ein **x**. Lies den Text. Schreibe ihn richtig auf.

Hxnnchyn hxtte fünf Yiyr im Korb. „Diy lxssy ich von yinyr Hynny xusbrütyn", dxchty dxs Mädchyn. „Diy fünf Hühnyr lygyn wiydyr Yiyr und brütyn siy xus. Für diy viylyn Hühnyr bykommy ich yin Fyrkyl. Dxs wird yin Schwyin und bykommt wiydyr Fyrkyl. Diy vyrkxufy ich. Dxs Gyld ryicht für yin Kälbchyn. Dxs Kälbchyn wird yiny Kuh. Diy bykommt wiydyr Kälbyr. Diy vyrkxufy ich xuch xlly. Von dym Gyld kriygy ich yin hübschys Häuschyn. Dxnn bin ich yiny ryichy Frxu. „Juhuu!", schriy Hxnnchyn und mxchty yinyn Luftsprung vor Fryudy. Dxbyi liyß siy dyn Korb mit dyn Yiyrn fxllyn – und mit dyn Yiyrn wxryn xuch diy Hühnyr, diy Fyrkyl, diy Kälbyr und dxs Häuschyn dxhin. Mxn soll ybyn nicht zu früh „Juhuu!" schryiyn.

---

Hannchens Traum vom Glück

Hannchen hatte fünf Eier im Korb. „Die lasse ich von einer Henne ausbrüten", dachte das Mädchen. „Die fünf Hühner legen wieder Eier und brüten sie aus. Für die vielen Hühner bekomme ich ein Ferkel. Das wird ein Schwein und bekommt wieder Ferkel. Die verkaufe ich. Das Geld reicht für ein Kälbchen. Das Kälbchen wird eine Kuh. Die bekommt wieder Kälber. Die verkaufe ich auch alle. Von dem Geld kriege ich ein hübsches Häuschen. Dann bin ich eine reiche Frau. „Juhuu!", schrie Hannchen und machte einen Luftsprung vor Freude. Dabei ließ sie den Korb mit den Eiern fallen – und mit den Eiern waren auch die Hühner, die Ferkel, die Kälber und das Häuschen dahin. Man soll eben nicht zu früh „Juhuu!" schreien.